Soraia Pena e
Ivan Sant´Ana Rabelo
(organizadores)

MENTE SÃ
EQUIPE **FORTE**

Estratégias de Conscientização, Intervenção e Promoção
de Saúde Mental no Ambiente Corporativo

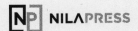 

CONSELHO EDITORIAL

ANNA CAROLINA DE ALMEIDA PORTUGAL, DRA. Pontifícia Universidade Católica - PUC-Rio
IVAN SANT'ANA RABELO, DR. Universidade de São Paulo – USP
J. LANDEIRA-FERNANDEZ, DR. Pontifícia Universidade Católica – PUC-Rio
LUIS ANUNCIAÇÃO, DR. Pontifícia Universidade Católica – PUC-Rio
RICELLI ENDRIGO RUPPEL DA ROCHA, DR. Universidade UNIARP
ROBERTO MORAES CRUZ, DR. Universidade Federal de Santa Catarina – UFSC

Dados Internacionais de Catalogação na Publicação (CIP)

P397m **Pena**, Soraia; **Rabelo**, Ivan Sant'Ana (org.).

Mente Sã, Equipe Forte: estratégias de conscientização, intervenção e promoção de saúde mental no ambiente corporativo / Organizadores: Soraia Pena e Ivan Sant'Ana Rabelo; Prefácio de Luiz Gustavo Vala Zoldan. -- 1. ed. -- São Paulo, SP : NilaPress Editora (coedição: Artesã Editora – Belo Horizonte, MG), 2023.
180 p.; il.; gráfs.; tabs.; 14 x 21 cm.

Inclui bibliografia.
ISBN 978-85-94094-24-7.

1. Estresse. 2. Saúde Mental. 3. Saúde Ocupacional. 4. Transtornos Mentais. I. Título. II. Assunto. III. Organizadores.

CDD **155.904**
CDU **159.91**

ÍNDICE PARA CATÁLOGO SISTEMÁTICO
1. Psicologia: Avaliação de estresse.
2. Medicina ocupacional: Saúde mental.

1ª EDIÇÃO: 2023
1ªREIMPRESSÃO: JULHO 2025
EDITOR E REVISOR: DENÍLSON LUÍS
PROJETO GRÁFICO E DIAGRAMAÇÃO: MAICON SANTOS
CAPA: JUNIOR SANTOS

SUMÁRIO

PREFÁCIO   5

CAPÍTULO 1
Rompendo o Ciclo do Estresse: Entender para Prevenir, Gerenciar e Superar o Estresse Crônico no Ambiente Profissional   9

CAPÍTULO 2
Estratégias para lidar com a Ansiedade e Alcançar uma Performance Profissional Sustentável   31

CAPÍTULO 3
Profissionais à Sombra da Depressão: Resgatando a Alegria e a Produtividade Saudável no Trabalho   51

CAPÍTULO 4
Do Burnout à Renovação: Práticas de Prevenção e Recuperação da Síndrome do Esgotamento   71

CAPÍTULO 5
Promovendo o Entendimento e Diminuindo o Estigma Associado aos Transtornos de Personalidade no Ambiente Organizacional   95

CAPÍTULO 6
A Importância de Ambientes Livres de Assédio: Saúde Mental e Produtividade em Jogo   123

CAPÍTULO 7

Nutrição e Estigma Relacionado ao Peso Corporal: Como Este Tema Impacta no Ambiente de Trabalho   **149**

CAPÍTULO 8

Vício em Tecnologia e Distração Digital: Encontrando Equilíbrio no Mundo Digital   **169**

CAPÍTULO 9

Construindo Saúde, Qualidade de Vida e Bem-Estar no Ambiente Corporativo   **185**

CAPÍTULO 10

Cuidando do Seu Corpo no Trabalho: Estratégias Fisioterapêuticas para Prevenir Lesões e Dor   **213**

CAPÍTULO 11

Avaliar o quê, por quê e como? – A investigação de fontes estressoras por meio da Matriz de Risco ao Estresse   **237**

CAPÍTULO 12

Fomentando a Saúde Mental no Trabalho: Construindo uma Mentalidade de Bem-Estar nas Organizações   **297**

PREFÁCIO

Em uma atualidade marcada por aceleradas transformações tecnológicas, sociais e comportamentais, um tema tem se destacado tanto no âmbito nacional quanto internacional, em especial nas corporações: a saúde mental. Em um mundo onde a pressão por resultados e a incessante busca por excelência frequentemente colocam a saúde mental em segundo plano, a obra "Mente sã, equipe forte – Estratégias de conscientização, intervenção e promoção da saúde mental no ambiente corporativo", organizada por Soraia Pena e Ivan Rabelo, surge como uma fonte essencial para aqueles que buscam transformar a realidade das organizações, contribuindo para estimular uma mentalidade de cuidado genuíno e colaboração entre as pessoas e suas organizações.

A mente de um profissional no ambiente corporativo é como uma floresta ou como um vasto bosque cheio de elementos diferentes com distintas necessidades. Quando bem preservado, esse bosque é um refúgio de paz, harmonia e equilíbrio, onde cada árvore, pássaro e riacho desempenha sua função com maestria e desenvolve-se com potência, contribuindo para o bem-estar do todo. Contudo, quando negligenciado, descuidado ou sujeito a incêndios e tempestades contínuos, esse bosque pode se tornar sombrio, com árvores caídas e rios poluídos, onde os pássaros não cantam mais, refletindo desequilíbrio e fragilidade. "Mente sã, equipe forte" é um mapa para todos que desejam ser os guardiões dedicados desse bosque interior. Cada seção ilumina caminhos sobre como cuidar, revitalizar e proteger a rica biodiversidade da mente em meio aos desafios do ambiente corporativo. Em um mundo onde muitos bosques internos estão ameaçados, permita-se ser inspirado a nutrir e proteger esse santuário de saúde mental.

Lembrando de minhas aulas no curso "Saúde Mental nas Organizações", no Instituto de Ensino e Pesquisa do Hospital Israelita Albert Einstein, me chamava a atenção a vivacidade e o interesse genuíno de Soraia. Era palpável seu desejo não apenas de aprendizado, mas de compartilhamento do seu conhecimento e de suas vivências. Ela revelou, em um determinado momento, o desejo de escrever uma obra que pudesse guiar gestores e empresas a cultivar ambientes de trabalho mais humanos e saudáveis. O produto desse desejo é o livro que agora tem em mãos, caro leitor. Em um café que tomei com ela e seu marido, Soraia me trouxe a primeira versão de sua obra, tão rica de experiências e curada com o cuidado de uma ambientalista ao defender a sustentabilidade e preservação da natureza.

Ao longo de 12 capítulos de escrita simples e ideias bem estabelecidas, os leitores serão conduzidos por uma jornada que aborda as principais questões relativas à saúde mental no ambiente corporativo.

Estresse, ansiedade, depressão, síndrome de burnout e transtornos de personalidade são abordados com profundidade e propriedade, fornecendo ao leitor compreensão e ferramentas para lidar com tais desafios. Os autores contemporizam os temas e revelam necessidades pungentes relacionadas ao adequado cuidado de nossos trabalhadores e como essa vasta gama de transtornos mentais impacta o ambiente corporativo, os resultados e performance das organizações. Os escritores trazem luz à importância do tema e formas de buscar novos recursos para acionar a sociedade em defesa da saúde mental de nossa população.

No entanto, a obra não se restringe a diagnosticar problemas, ela também apresenta soluções e reflexões. Aborda-se o impacto da tecnologia, das redes sociais e do trabalho híbrido na saúde dos colaboradores, revelando como esses elementos, tão presentes em nosso cotidiano, podem ser gerenciados de forma a promover bem-estar e mudar o cenário tão impactante relacionado às dependências tecnológicas cada vez mais presentes em nossas vidas.

Questões sensíveis, como o assédio moral e sexual, são tratadas com a seriedade e a sensibilidade que merecem, mostrando a relevância de um ambiente de trabalho livre de preconceitos e de comportamentos tóxicos. O livro também lança luz sobre temas pouco discutidos, mas extremamente pertinentes, como a psicofobia, gordofobia e o impacto das dores crônicas e ergonomia, revelando que a curadoria da obra se preocupa com um cuidado holístico e integral, compreendendo que não há saúde física sem saúde mental e tampouco saúde mental sem o adequado cuidado com a saúde física e principalmente o cuidado nas relações.

A importância da criação de uma cultura de cuidado, saúde mental e bem-estar nas organizações é reforçada ao longo da obra. É um chamado para que gestores e organizações repensem suas práticas e coloquem o ser humano no centro de suas estratégias. A obra discute ainda gestão da saúde corporativa e populacional, traz um olhar sobre a responsabilidades das organizações e indivíduos em relação a sua qualidade de vida e estabelece estratégias para caminharmos em direção a novas organizações que entendem que seu bem mais importante são suas pessoas.

Em um mundo globalizado, a promoção da saúde mental no ambiente corporativo é mais do que uma tendência, é uma necessidade. E este livro, sem dúvida, será um aliado imprescindível para todos aqueles que buscam construir organizações mais saudáveis e humanas.

Convido você, caro leitor, a mergulhar nestas páginas e a permitir-se transformar e ser transformado por elas. O desafio da promoção da saúde mental no ambiente corporativo é imenso, mas com guias como este torna-se, indubitavelmente, mais acessível.

Luiz Gustavo Vala Zoldan
Coordenador de Saúde Mental
no Hospital Israelita Albert Einstein

CAPÍTULO 1

Rompendo o Ciclo do Estresse:

Entender para Prevenir, Gerenciar e Superar o Estresse Crônico no Ambiente Profissional

Soraia Pena

"Gostaríamos de poder voltar no tempo, para os bons velhos tempos, quando nossa mãe nos colocava para dormir com uma canção, mas agora estamos estressados."
Twenty One Pilots. Stressed Out.

O estresse é um tema que tem sido amplamente estudado pela ciência, mas também é muito discutido nos meios de comunicação e nas redes sociais. No entanto, ainda não é comum trazer essas informações para o nosso dia a dia, especialmente quando se trata de prevenir, gerenciar e lidar com situações estressantes no ambiente de trabalho.

Em termos simples, o estresse é uma alteração no equilíbrio do nosso organismo, conhecido como homeostase. Essa mudança pode ser necessária para nos proteger em situações reais de perigo e para nos adaptar a novas situações que exigem mais energia para pensar, lutar, fugir ou tomar outras medidas de proteção. O que torna o estresse prejudicial não é o estresse em si, mas sim a exposição prolongada ou indefinida a agentes estressores ou situações desgastantes.

Antigamente, o estresse era definido em termos de seus componentes, como o estressor, que são estímulos específicos do ambiente, ou internos (como longas horas de trabalho); a resposta, que é a experiência de manifestações fisiológicas, mentais ou comportamentais específicas (como a secreção de cortisol); ou a interação entre os dois (secreção de cortisol após exposição a uma ameaça). Atualmente, definições mais complexas veem o estresse como um processo que envolve avaliações cognitivas das demandas do ambiente, bem como a capacidade do indivíduo de lidar com essas demandas (Maslach, 1994).

O termo "estresse" vem do inglês *"stress"* e foi usado inicialmente na física para descrever a deformação sofrida por um material sob tensão. Hans Selye, considerado o pai do estresse, trouxe esse conceito para a medicina e biologia com base em suas pesquisas na área (Maslach, 1994).

Os agentes estressores são os gatilhos que desencadeiam o estresse em nosso organismo. Todos nós estamos expostos diariamente a diferentes agentes estressores, como o trânsito caótico, a poluição sonora, as pressões e metas pessoais, problemas financeiros, familiares, doenças, acidentes, rotinas de trabalho exaustivas, dificuldades com líderes e colegas de trabalho, entre outros. Portanto, é importante identificar essas fontes de desequilíbrio e buscar estratégias para enfrentá-las, superá-las, afastar-se delas ou até mesmo bloqueá-las.

Seguindo com a discussão sobre o estresse, Selye observou que esse processo emergencial de reações acompanha o ser humano ao longo de sua história evolutiva. Segundo ele, o estresse apresenta três fases de alterações no organismo, que revelam os sintomas que ocorrem em resposta ao estresse. Essas fases foram descobertas por meio de suas pesquisas em laboratório e posteriormente aplicadas como adaptações para o organismo humano (Silva, 2013).

Segundo Selye, a primeira fase do estresse é chamada de fase de Alerta. Nessa fase, o organismo se prepara para reagir lutando ou fugindo, ou seja, para preservar a vida. Se o estresse persistir por um longo período de tempo, ocorre a segunda fase, chamada de fase de Resistência. Nessa fase, o organismo tenta se adaptar e manter o equilíbrio interno, mas já começa a sentir desgaste e cansaço. Por fim, a terceira fase é a fase de Exaustão, que ocorre quando o estressor continua presente no organismo sem estratégias para lidar com a situação. Nessa fase, as reservas de energia adaptativa se esgotam e podem surgir doenças físicas e mentais graves (Silva, 2013).

O cérebro é um dos principais alvos do estresse em nosso organismo, sofrendo alterações químicas e estruturais em resposta a estressores agudos e crônicos. Um dos principais marcadores fisiológicos do estresse é a ativação do eixo hipotálamo-pituitária-adrenal (HPA), que envolve a liberação de adrenalina e cortisol. Esses reguladores químicos promovem uma reação de adaptação em busca do equilíbrio interno. No entanto, se os estressores forem persistentes e o cortisol for liberado em excesso, o organismo pode sofrer efeitos prejudiciais, inclusive no cérebro (Silva, 2015).

O estresse agudo, que é intenso, é interrompido imediatamente após o afastamento do agente estressor. Por outro lado, o estresse crônico é uma condição de tensão prolongada, que pode levar ao desenvolvimento de várias doenças e prejudicar a qualidade de vida do indivíduo. Esse tipo de estresse sobrecarrega o funcionamento do organismo em diferentes aspectos biopsicológicos (Lipp, 2006).

É importante ressaltar que ter pensamentos negativos sobre o estresse pode contribuir para a sensação de ameaça e perda de recursos. Essa percepção pode ser tão forte que o estressor se torna um estressor por si só, aumentando ainda mais o impacto negativo do estresse em nosso organismo.

A maneira como pensamos sobre o estresse também é crucial. Quando consideramos o estresse de uma maneira negativa, isso pode agravar nossa sensação de ameaça e perda, tornando o estressor ainda mais estressante.

Portanto, aprender a identificar, gerenciar e prevenir o estresse – especialmente o estresse crônico – é crucial para a nossa saúde e bem-estar.

Desvendando os Estressores no Ambiente Ocupacional

O ambiente de trabalho é frequentemente apontado como uma das principais fontes de estresse na vida das pessoas. Nele, surgem diversos fatores estressantes, como pressão por prazos, cobranças éticas e competição constante. No entanto, é importante destacar que a percepção e a definição do estresse ocupacional podem variar consideravelmente de pessoa para pessoa. Neste capítulo, vamos explorar mais a fundo os estressores no ambiente de trabalho, enfatizando o estresse crônico e seus impactos na saúde física e mental dos indivíduos.

Importância do Tema

Nos últimos anos, o interesse público sobre o estresse no ambiente de trabalho tem aumentado significativamente. A campanha "Locais de Trabalho Saudáveis Tratam o Estresse", lançada pela União Europeia (UE), desempenhou um papel crucial nesse movimento. Estima-se que o estresse relacionado ao trabalho custe à UE cerca de 20 bilhões de euros anualmente. No entanto, apesar desse crescente interesse, ainda há muito a ser compreendido sobre como os indivíduos percebem e lidam com os estressores no ambiente de trabalho.

Os Diferentes Tipos de Estresse no Trabalho

É importante ressaltar que nem todo estresse no trabalho é prejudicial. Pesquisas sugerem que certos tipos de estresse podem até levar a resultados positivos, especialmente quando combinados com outros fatores. Para entender melhor isso, podemos dividir os estressores do trabalho em dois grupos: estressores-desafio e estressores-obstáculo. Os estressores-desafio, como alta carga de trabalho e responsabilidade, podem ser vistos como desafios a serem superados. Por outro lado, os estressores-obstáculo, como ambiguidade de funções e insegurança no trabalho, podem ser percebidos como obstáculos a serem enfrentados. É importante ressaltar que, embora possa haver efeitos positivos a curto prazo, estudos mostram que os efeitos a longo prazo desses estressores podem ser prejudiciais, levando à exaustão e ao esgotamento. Agora, vamos explorar cada um deles com mais profundidade.

Estressores-Desafio

Estes são os desafios que aparecem em nosso dia a dia profissional, que podem ser exigentes e intensos, mas que também têm o potencial de nos fortalecer e promover o nosso crescimento. São como aqueles exercícios difíceis na academia que nos deixam exaustos, mas também mais fortes e resistentes.

Imagine que você é um marinheiro navegando em um vasto oceano. Existem tempestades que podem ser aterrorizantes, mas ao mesmo tempo empolgantes – você sabe que elas são parte da jornada, e, ao superá-las, você se torna um marinheiro mais experiente e habilidoso. Estas são como os estressores-desafio.

Mas como toda coisa boa, também há um limite. Continuar a aumentar a intensidade dos exercícios na academia sem o devido descanso pode levar a lesões, assim como assumir mais responsabilidades do que você pode lidar pode levar à exaustão e ao esgotamento.

Estressores-Obstáculo

Por outro lado, temos os estressores-obstáculo. Esses estressores não são vistos como desafios a serem superados, mas sim como barreiras que impedem o progresso. Eles podem ser a causa de frustração, desmotivação e, em alguns casos, até mesmo depressão.

Voltando ao exemplo do marinheiro, existem também tempestades que você não consegue compreender ou prever, elas parecem não ter fim e não lhe trazem nenhum benefício além de medo e confusão. Um estressor-obstáculo poderia ser a falta de informações claras do prognóstico do tempo. Ou talvez você esteja constantemente preocupado com a possibilidade de ser demitido, mesmo que esteja desempenhando bem o seu trabalho. Estas situações não contribuem para o seu crescimento ou realização – pelo contrário, elas geram incerteza e ansiedade.

Diferentemente dos estressores-desafio, os estressores-obstáculo raramente têm um lado positivo. Ao invés de promover o crescimento, eles tendem a impedir o progresso, causando mais mal do que bem.

Entender a diferença entre estressores-desafio e estressores-obstáculo é crucial para lidar com o estresse no trabalho. Ambos podem causar estresse, mas cada um deles requer uma abordagem diferente. Enquanto os estressores-desafio devem ser encarados como oportunidades de crescimento, os estressores-obstáculo devem ser minimizados ou eliminados sempre que possível.

No final das contas, é importante lembrar que todos nós somos humanos, e um pouco de estresse é parte da vida. O importante é como lidamos com ele.

O que é Estresse Ocupacional?

Para entendermos melhor o estresse ocupacional, imagine o seguinte cenário: você está no seu trabalho, com uma pilha de tarefas a fazer e um prazo apertado para entregar tudo. De repente, seu chefe aparece e adiciona mais uma tarefa à sua lista. A tensão começa a crescer. Seu coração começa a bater mais rápido, a respiração fica mais pesada e é como se sua mente estivesse em uma corrida frenética. Este cenário provavelmente soa familiar, não é? Isso é o estresse ocupacional.

O estresse ocupacional é, basicamente, uma resposta emocional intensa a um ambiente de trabalho excessivamente demandante. Acontece quando as exigências do trabalho superam a capacidade do trabalhador de lidar com elas. Essas demandas podem ser físicas (como levantar objetos pesados) ou mentais (como prazos de entrega apertados, alta carga de trabalho, pressões para cumprir metas, entre outros).

E aqui entra uma variável importante: a percepção individual. Cada um de nós tem uma resistência diferente ao estresse. Alguns podem ser capazes de lidar com altas pressões e volumes de trabalho sem que isso afete significativamente o seu bem-estar, enquanto outros podem se sentir oprimidos com menos demandas. Tudo depende da forma como cada um percebe e lida com o estresse. E é por isso que o estresse ocupacional é tão subjetivo e variável.

Mas, como podemos reconhecer o estresse ocupacional? Existem vários sinais a serem observados. Esses podem incluir fadiga, insônia, dificuldade de concentração, irritabilidade, ansiedade e até mesmo problemas de saúde física como dores de cabeça e problemas de estômago. A longo prazo, o estresse ocupacional pode levar a problemas de saúde mais graves, como doenças cardíacas e depressão.

É importante entender que o estresse ocupacional não é apenas um problema individual, mas também organizacional. Empresas e organizações precisam se empenhar em criar ambientes de trabalho saudáveis e de apoio, que ajudem a minimizar o estresse ocupacional. Isso pode envolver uma variedade de estratégias, desde o fornecimento de treinamento sobre gestão de estresse até a implementação de políticas de trabalho flexíveis.

Concluindo, o estresse ocupacional é uma realidade que afeta muitas pessoas no mundo todo. Identificar e entender esse fenômeno é o primeiro passo para controlá-lo e minimizar seus efeitos adversos. Aprender a gerenciar o estresse e buscar um ambiente de trabalho saudável é fundamental para a saúde e bem-estar de todos nós.

O Estresse Crônico e seus Impactos na Saúde

O estresse crônico no ambiente de trabalho pode ter impactos significativos na saúde física e mental dos indivíduos. Estudos mostram que o estresse crônico pode afetar a morfologia do córtex pré-frontal, uma região do cérebro responsável pela memória de trabalho. Observou-se que o estresse crônico leva à perda de volume das massas brancas e cinzenta, a matéria cinzenta contém a maioria dos neurônios do cérebro e é responsável pelo processamento de informações, enquanto a matéria branca contém as conexões (ou "cabos") que permitem que diferentes partes do cérebro se comuniquem umas com as outras. Se o estresse crônico leva à perda de volume nessas áreas, pode resultar em problemas gerais de cognição e comunicação entre diferentes partes do cérebro, especialmente entre o cingulado anterior, região do cérebro que faz parte do sistema límbico, área envolvida na regulação das emoções, na tomada de decisões e a regulação do comportamento social e os polos frontais do córtex pré-frontal, região localizada na frente, como o nome indica, que desempenha um papel fundamental na tomada de decisões, no planejamento de comportamentos complexos e na expressão da personalidade. É também a região do cérebro que controla o pensamento abstrato e criativo. O estresse crônico pode levar à diminuição do volume nessa área, o que pode resultar em problemas como depressão, ansiedade, dificuldades de concentração e dificuldades na tomada de decisões. Além disso, outros estudos indicam que o estresse crônico também pode afetar outras áreas do cérebro, como o lobo occipital direito, que é primariamente responsável pelo processamento visual. Aqui, a informação que vem dos seus olhos é transformada em imagens que você pode entender. Se o estresse crônico afeta essa área do cérebro, pode resultar em problemas de visão ou na capacidade de interpretar informações visuais corretamente.

A Importância da Pesquisa e da Compreensão do Estresse

Apesar dos avanços no estudo do estresse, ainda há muito a ser explorado e compreendido sobre seus agentes estressores, especialmente fora do ambiente de trabalho. É essencial continuar pesquisando e discutindo esse tema para uma melhor compreensão do estresse e seus impactos na saúde física e mental. Além disso, é fundamental desenvolver estratégias para gerenciar o estresse, tanto no ambiente de trabalho quanto em outras áreas da vida.

A pesquisa de Mizoguchi et al. (2004) reforça a importância de entendermos o papel dos glicocorticóides, principalmente o cortisol, no impacto prejudicial a esta região do cérebro. Em excesso, o cortisol pode prejudicar as funções cognitivas.

Sapolsky ressalta a ideia de que o estresse crônico, independentemente do agente estressor, é um potente desencadeador de doenças. De acordo com ele, o estresse crônico é um desorganizador potencial das funções do eixo hipotálamo-pituitária-adrenal.

Favassa et al. (2005) relatam que a cronicidade do estresse pode desencadear diversas doenças geneticamente predispostas que talvez não se manifestariam na ausência de estresse, e de enfermidades oportunistas que se aproveitam da queda da imunidade para se instalar no organismo.

Lipp (2006) menciona que três fatores podem contribuir para que o estresse crônico evolua para estágios prejudiciais como quase-exaustão e exaustão/burnout: (1) a permanência de um estressor na história de vida de uma pessoa, (2) acúmulo de estressores e (3) estresse recorrente.

A exaustão física e mental máxima causada por agentes estressores no ambiente de trabalho, comprometendo as relações do sujeito com o mundo, é um estado conhecido como Burnout. Com o avanço da Psicologia Organizacional, vários estudos começaram a investigar o estresse laboral e suas consequências para o indivíduo.

Segundo Murofuse (2005), a Síndrome de Burnout, um transtorno adaptativo ao estresse crônico associado a demandas laborais, é um dos principais riscos biopsicossociais. Esta síndrome é um complexo conjunto de sintomas que afeta a qualidade de vida e a saúde mental, podendo até mesmo colocar a vida humana em risco (Guedes, 2020).

De acordo com Marilda Lipp, "Burnout é um estresse ocupacional". Ela defende que o indivíduo começa a enfrentar a síndrome quando o trabalho se torna um suplício, quando perde sua importância ou quando o esforço é percebido como maior que a recompensa (Lipp, 2000; Sadir, Bignotto, & Lipp, 2010).

Silva (2020) menciona que, desde a década de 1960, há evidências científicas dos efeitos danosos do estresse e outros riscos específicos às ocupações laborais, reforçando a ideia do trabalho como fonte de sofrimento psíquico ou adoecimento laboral.

Maslach et al. (2001) definem burnout como uma síndrome psicológica resultante de estressores interpessoais crônicos no trabalho. Caracteriza-se por exaustão emocional, despersonalização (ou ceticismo) e diminuição da realização pessoal (ou eficácia profissional). A síndrome de Burnout é consequência de prolongados níveis de estresse no trabalho, resultando em exaustão emocional, distanciamento das relações pessoais e diminuição do sentimento de realização pessoal.

Finalmente, Seyle (1965) propõe que o "burnout" total, ou estado de exaustão, ocorre quando os mecanismos de defesa do corpo e as alterações neurofisiológicas não conseguem mais lidar com o estresse.

Portanto, é fundamental a adoção de estratégias para a gestão de estressores no ambiente ocupacional, minimizando seus impactos na saúde mental e física dos trabalhadores e prevenindo condições como a Síndrome de Burnout.

Dado ao exposto, concluímos que a exposição crônica de um indivíduo a agentes estressores, seja no ambiente laboral ou em qualquer outro ambiente, pode ativar de maneira exacerbada o eixo HPA, desregulando a dosagem de cortisol no organismo, provocando assim o adoecimento, biológico ou psicológico, quando não raramente em ambos. Além disso, esses efeitos são intensificados quando há falta de estratégias eficazes de gerenciamento de estresse, aumentando a probabilidade de desenvolver problemas de saúde a longo prazo, impactando significativamente a qualidade de vida do sujeito e suas relações da vida cotidiana.

Tendo isso posto, se faz de total relevância que sejam implementadas no ambiente laboral, acadêmico e em campanhas de conscientização pública, medidas de prevenção e controle de estresse para proteger a saúde biopsíquica e bem-estar dos indivíduos em qualquer contexto e fase da vida.

De fato, o manuseio efetivo do estresse requer um compromisso de mudança de estilo de vida. Vejamos mais detalhadamente algumas estratégias comprovadas cientificamente de enfrentamento do estresse crônico:

1. Higiene do sono

Ter uma boa noite de sono é essencial para a saúde e bem-estar geral. A neurociência indica que, durante o sono, o cérebro passa por processos cruciais de consolidação da memória, fortalecimento das conexões neurais e limpeza de subprodutos potencialmente nocivos. Além disso, uma quantidade adequada de sono está associada a um melhor humor e maior energia, já que certos neurotransmissores e hormônios envolvidos no controle desses estados são restaurados e regulados durante o sono (Harvard Medical School, 2019). Recomenda-se que os adultos durmam entre sete a nove horas por noite para obter esses benefícios (National Sleep Foundation, 2020).

2. Exercício físico regular

A atividade física regular oferece inúmeros benefícios para o cérebro. Ela promove a liberação de várias substâncias químicas no cérebro, como endorfinas, que melhoram o humor e reduzem o estresse. Também aumenta o fluxo sanguíneo para o cérebro, que pode estimular o crescimento e a sobrevivência de novos neurônios, além de melhorar a cognição e a memória (Department of Health and Human Services, 2020). É recomendado um mínimo de 30 minutos de atividade física moderada a intensa por dia, cinco dias por semana.

3. Alimentação saudável

A nutrição adequada é vital para a função cerebral ideal. Alimentos frescos e pouco processados geralmente contêm altos níveis de vitaminas, minerais e antioxidantes, que protegem o cérebro contra o estresse oxidativo. Além disso, manter uma dieta balanceada pode ajudar a regular os níveis de açúcar no sangue, que têm um impacto direto na função cerebral e no humor (Mayo Clinic, 2021).

4. Práticas de *mindfulness* e meditação

A prática regular de *mindfulness* e meditação tem sido associada a alterações positivas na estrutura e função do cérebro. Essas práticas podem reduzir a atividade em áreas do cérebro associadas ao estresse e à ansiedade e aumentar a atividade em áreas associadas à atenção, concentração e autocompreensão emocional (Khoury *et al.*, 2013).

5. Tempo de qualidade para o lazer e a rede de apoio

Socializar e participar de atividades recreativas que você gosta pode liberar substâncias químicas no cérebro, como a oxitocina e a dopamina, que promovem sentimentos de felicidade e reduzem o estresse. Além disso, ter uma rede de apoio social sólida pode proporcionar um sentimento de pertencimento e segurança, que é benéfico para a saúde mental geral. Portanto, manter um estilo de vida saudável, estabelecer limites pessoais e profissionais, aprender técnicas de relaxamento e gerenciamento do tempo são todas estratégias eficazes para o controle do estresse. A adesão e consistência em aplicar essas práticas podem ser desafiadoras; contudo, os benefícios a longo prazo para a saúde mental e física são inegáveis.

6. Técnicas de respiração

A prática de técnicas de respiração consciente é outra estratégia altamente eficaz para promover a saúde do cérebro. Estas técnicas, que incluem práticas como a respiração profunda e a respiração diafragmática, têm sido mostradas para ajudar a reduzir a resposta do corpo ao estresse, diminuindo a frequência cardíaca e a pressão arterial, promovendo sentimentos de calma e relaxamento. Do ponto de vista neurocientífico, estas práticas podem ajudar a moderar a atividade do sistema nervoso autônomo, que inclui o sistema nervoso simpático (geralmente associado à resposta de "luta ou fuga") e o sistema nervoso parassimpático (associado à resposta de "descanso e digestão"). Ao reduzir a atividade excessiva do sistema simpático e promover a atividade do sistema parassimpático, as técnicas de respiração podem contribuir para um maior equilíbrio e resiliência emocional. Além disso, a respiração consciente pode ajudar a promover a atenção e a consciência, contribuindo para práticas mais amplas de *mindfulness*. Portanto, incorporar técnicas de respiração consciente em sua rotina diária pode ser uma ferramenta poderosa para apoiar a saúde do cérebro (Ma *et al.*, 2017).

Por fim, embora as estratégias de *coping* autogerenciadas sejam importantes, é também crucial reconhecer quando se deve buscar ajuda profissional. A terapia cognitivo-comportamental, por exemplo, tem se mostrado eficaz na redução do estresse crônico, ajudando indivíduos a identificar e mudar padrões de pensamento e comportamento que podem levar ao estresse (Hoffman *et al.*, 2012). O suporte profissional pode proporcionar ferramentas e técnicas personalizadas que podem ser fundamentais no gerenciamento do estresse. A prevenção e o gerenciamento do estresse devem ser encarados não apenas como uma necessidade individual, mas também como uma responsabilidade coletiva, em que empregadores, instituições educacionais e políticas públicas possam criar ambientes de suporte ao bem-estar e saúde mental.

Referências

AMERICAN PSYCHIATRIC ASSOCIATION. (2014a). DSM-5: Manual diagnóstico e estatístico de transtornos mentais [tradução: Maria Inês Corrêa Nascimento... *et al.*] – 5. ed. Porto Alegre: Artmed.

BENEVIDES-PEREIRA, A. M. T. (2002). O processo de adoecer pelo trabalho. In.: A. M. T. Benevides-Pereira (Org.), *Burnout*: Quando o trabalho ameaça o bem-estar do trabalhador. (pp. 21-91). São Paulo: Casa do Psicólogo.

CHROUSOS, G. P. (2009). Stress and disorders of the stress system. Nature Reviews Endocrinology, 5(7), 374-381.

DEDOVIC, K.; DUCHESNE, A.; ANDREWS, J.; ENGERT, V.; PRUESSNER, J. C.; THEALL, K. P. (2005). The brain and the stress axis: The neural correlates of cortisol regulation in response to stress. NeuroImage, 27(2), 839-848.

DEPARTMENT OF HEALTH AND HUMAN SERVICES. (2020). Physical activity guidelines for Americans. Disponível em: www.hhs.gov.

FAVASSA, C. T. A.; ARMILIATO, N.; KALININE, I. (2005). Aspectos Fisiológicos e Psicológicos do Estresse. Revista de Psicologia da UnC, v. 2, n. 2, p. 84-92.

FIGUEIRAS, J. C.; HIPPERT, M. I. S. (1999). A polêmica em torno do conceito de estresse. Psicologia: ciência e profissão, 19(3), 40-51. Disponível em: https://doi.org/10.1590/S1414-98931999000300005.

FOLKMAN, S., LAZARUS, R. S., DUNKEL-SCHETTER, C., DELONGIS, A., & GUEDES A.L.P. (2020). Ansiedade, *stress e burnout*: definição conceptual e operacional, inter-relações e impacto na saúde – Universidade Beira Interior.

GOULART JR., E.; LIPP, M. E. N. (2008). Estresse e organizações: o estresse laboral. Estudos de Psicologia, 13(3), 841-849.

GOULART JR., E.; LIPP, M. E. N. (2008). Estresse entre professoras do ensino fundamental de escolas públicas estaduais. Psicologia em estudo, Maringá, v. 13, n. 4, p. 847-857.

HARVARD MEDICAL SCHOOL. (2019). Sleep and Health. Disponível em: www.health.harvard.edu.

HOFFMAN, S. G. *et al*. (2012). The Effect of Cognitive Behavioral Therapy: A Meta-Analysis. Cognitive Therapy and Research, 36(6), 427–440.

ISMA-BR *International Stress Management Association* no Brasil – (2022). Disponível em: http://www.ismabrasil.com.br.

KHOURY, B. *et al*. (2013). Mindfulness-Based Stress Reduction for Healthy Individuals: A Meta-Analysis. Journal of Psychosomatic Research, 84, 37-45.

KLOET, E. R.; JOËLS, M.; HOLSBOER, F. (2005). Stress and the brain: From adaptation to disease. Nature Reviews Neuroscience, 6(6), 463-475.

LAZARUS, R. S.; FOLKMAN, S. (1984). *Stress, appraisal and coping. New York: Springer.*

LIPP, M. E. N. (2006). Mecanismos neuropsicofisiológicos do estresse: teoria e aplicações clínicas. São Paulo: Casa do Psicólogo.

_____. (2006). Teoria de temas de vida do stress recorrente e crônico. Boletim Academia Paulista de Psicologia, 26(3), 82-93. Disponível em: https://www.redalyc.org/articulo.oa?id=94626311.

MASLACH, C. (1994). *Stress, burnout, and workaholism. Em R. Kilburg, P. E. Nathan & R. W. Thoreson (Orgs.), Professionals in distress: Issues, syndromes, and solutions in psychology (pp. 53-75). Washington: American Psychological Association.*

MAYO CLINIC. 2021. Stress relief from laughter? It's no joke. Disponível em: www.mayoclinic.org.

MASLACH, C.; SCHAUFELI, W. B.; LEITER, M. P. (2001). *Job Burnout. Annual Review of Psychology*, 52, 397-422.

MCEWEN, B. S. (2005). *Stressed or stressed out?: what is the difference? Journal of psychiatry and neuroscience*, 30(5), 315-318.

_____. (2006). *Protective and damaging effects of stress mediators: central role of the brain. Dialogues in clinical neuroscience.* 8(4), 367-381. https://doi.org/10.31887/DCNS.2006.8.4/bmcewen.

_____. (2008). *Central effects of stress hormones in health and disease*: Understanding the protective and damaging effects of stress and stress mediators. European Journal of Pharmacology, 583(2-3), 174-185. Disponível em: https://doi.org/10.1016/j.ejphar.

MENDES, P. C. (2017), V. *Stress e burnout* em internos de medicina geral e familiar da zona Norte de Portugal: estudo transversal. Rev. Port. Med. Geral Fam. 33:16-28.

MIZOGUCHI K.; ISHIGE A.; TAKEDA S.; ABURADA M.; TABIRA T. (2004) *Endogenous glucocorticoids are essen-*

tial for maintaining prefrontal cortical cognitive function. *J Neurosci. Jun* 16;24(24):5492-9. doi: 10.1523/JNEUROSCI.0086-04.2004. PMID: 15201321; PMCID: PMC6729338.

MUROFUSE, N. T.; ABRANCHES, S. S.; NAPOLEÃO, A. A. (2005). Reflexões sobre estresse e *burnout* e a relação com a enfermagem. Rev. Latino-Am. Enfermagem, 13, 255-261. Disponível em: https://doi.org/10.1590/S0104-11692005000200019.

NATIONAL SLEEP FOUNDATION. (2020). How Much Sleep Do We Really Need? Disponível em: www.sleepfoundation.org.

ORGANIZAÇÃO PANAMERICANA DE SAÚDE (2019). CID: *burnout* é um fenômeno ocupacional. Disponível em: https://www.paho.org/pt/noticias/28-5-2019-cid-burnout-e-um-fenomeno-ocupacional.

PACAK, K.; PALKOVITS, M. (2001). *Stressor specificity of central neuroendocrine responses: implications for stress-related disorders. Endocrine Reviews,* 22, 502-548. Disponível em: https://doi.org/10.1210/edrv.22.4.0436.

PACAK, K.; PALKOVITS, M.; YADID, G.; KVETNANSKY, R.; KOPIN, I. J.; GOLDSTEIN, D. S. (1998). *Heterogeneous neurochemical responses to different stressors: a test of Selye's doctrine of nonspecificity. American Journal of Physiology,* 275, 1247-1255. Disponível em: https://doi.org/10.1152/ajpregu.1998.275.4.R1247.

SADIR, M. A.; BIGNOTTO, M. M.; LIPP, M. E. N. (2010). *Stress* e qualidade de vida: influência de algumas variáveis pessoais. Paidéia (Ribeirão Preto), 20(45), 73-

81. Disponível em: https://doi.org/10.1590/S0103-863X2010000100010.

SAPOLSKY, R. M. (2000). *Stress Hormones: good and bad.* *Neurobil* Dis, 7,5:540-542.doi10.1006/ndbi.20000.0305.

SILVA, A. J. (2015). Estresse crônico e suas consequências no cérebro: uma revisão da literatura. Psicologia: Reflexão e Crítica, 28(4),589-599.

SILVA, E. C. (2015). Efeitos do estresse crônico em áreas do cérebro – Revista Eletrônica Estácio – Recife.

SILVA, G. A. (2015). O estresse. Rio de Janeiro: Fiocruz.

SILVA, K. R. (2013). Estresse no Ambiente de trabalho: causas, consequências e prevenção. Fundação Educacional do Município de Assis – Fema: Assis.

SILVA M. A. F. (2013). O estresse na perspectiva histórica de Selye e as suas contribuições para a medicina e a biologia. Revista Interdisciplinar Científica Aplicada, 7(1), 19-30.

Soraia Pena – Psicóloga com Especialização em Gestão de Pessoa: Liderança, Carreira e Coaching pela PUCRS e Neurociência, Comportamento e Desempenho pelo IPOG, Certificação em Gerenciamento do Stress pela IS-MABR - Florida State University e Chief Happiness Officer pelo Instituto Feliciência - Woohoo Partners, com outras certificações e formações complementares em áreas correlatas, destacando-se na Psicodinâmica do Trabalho pela USP, Atualização em Transtornos Mentais relacionados ao Trabalho IPQ FMUSP e Saúde Mental nas Organizações pelo Centro de Estudos do Hospital Israelita Albert Einstein. Docente pelo SENAC, COGEAE PUC-SP e convidada pela FGV.

CAPÍTULO 2

Estratégias para Lidar com a Ansiedade e Alcançar uma Performance Profissional Sustentável

Tânia Regina Rosa

"A vida só pode ser compreendida olhando-se para trás, mas só pode ser vivida olhando-se para frente."
Søren Kierkegaard

O que é ansiedade para você? Seria sentir-se agitado? Acelerado? Inquieto? Com muita vontade que algo ou alguém chegue logo, ou que não chegue nunca? É uma mistura de tudo isso, mas não somente...

Até a década passada, a ansiedade era entendida pelas pessoas como sinônimo de ter angústia, receio e medo; raramente era (e ainda é) identificada como sentimento positivo. Era fartamente mencionada em entrevistas de emprego, treinamentos comportamentais a equipes e líderes, atrelada a aspectos de cunho negativo.

Atualmente, esses sentimentos são descritos trazendo, ainda, uma variedade de sensações fisiológicas, as quais serão pormenorizadas no decorrer deste capítulo. O assunto tem se tornado corriqueiro, até banalizado por alguns, trazendo consequências mais visíveis também no ambiente de trabalho, pois gera estado de sofrimento ao indivíduo, abrindo, por vezes, portas para a depressão ou outros transtornos.

Apresento aqui minha experiência como psicóloga atuando por muitos anos no âmbito corporativo e clínico. Acredito, assim, amplificar a perspectiva do assunto.

Panorama Atual

Nos últimos tempos, nos deparamos com divulgações do tipo "vivemos uma pandemia silenciosa chamada ansiedade". Dados divulgados pelo Covitel 2022 apontam que 26,8% dos brasileiros receberam diagnóstico médico de ansiedade. Um terço (31,6%) da população mais jovem, de 18 a 24 anos, é ansiosa – os maiores índices de ansiedade, líder entre todas as faixas etárias no Brasil. As prevalências são maiores no Centro-Oeste (32,2%) e entre as mulheres (34,2%). Segundo dados recentes da Organização Mundial da Saúde, o Brasil lidera o ranking de ansiedade e depressão na América Latina.

O atual Manual Diagnóstico e Estatístico de Transtornos Mentais (DSM-5) classifica os diferentes tipos de ansiedade com suas particularidades, a fim de padronizar os critérios diagnósticos. Vamos identificar um pouco mais as nuances dessa emoção que tem como premissa estar voltada para o futuro.

A palavra ansiedade é constantemente utilizada para descrever o nervosismo temporário ou algum tipo de medo que sentimos frente a situações desafiadoras, como uma entrevista de emprego ou um exame médico. Também é usada para descrever tipos mais persistentes de ansiedade, como fobias (medo de coisas ou situações específicas, como altura, animais, insetos, voar de avião), transtorno de ansiedade social (medo de parecer tolo e/ou ser criticado ou rejeitado em situações sociais), transtorno de pânico (sentimentos intensos e súbitos de ansiedade nos quais as pessoas percebem-se prestes a morrer ou enlouquecer), agorafobia (evitação ou persistente apreensão a respeito de locais ou situações de que não se possa escapar), transtorno de ansiedade generalizada (caracterizado por preocupações frequentes e sintomas físicos de ansiedade), transtorno de ansiedade de separação (apresenta quadro mediante separação das figuras de apego, mais frequente na infância).

São transtornos relacionados à ansiedade o transtorno de estresse pós-traumático (TEPT – presença de lembranças repetidas de traumas terríveis com alto nível de sofrimento) e o transtorno obsessivo-compulsivo (TOC – caracterizado por obsessões, compulsões ou ambas). As obsessões são ideias, imagens ou impulsos recorrentes, persistentes, indesejados, que provocam ansiedade e são intrusivos.

Cada transtorno de ansiedade é diagnosticado somente quando os sintomas não são consequência dos efeitos fisiológicos do uso de substância/medicamento ou de outra condição médica, ou não são explicados por outro transtorno mental.

Vale lembrar que a ansiedade faz parte do ser humano e acontece também de forma positiva, quando aliada à expectativa de algo bom por vir. Imagine que o indivíduo fará uma apresentação, por exemplo, então algum nível de ansiedade é necessário, porque isso propicia sua atenção e melhora o seu desempenho. Essa é chamada de ansiedade funcional.

Casos em que efetivamente ocorre o desenvolvimento de um transtorno estão diretamente relacionados a frequência e intensidade, havendo sofrimento clínico significativo na vida da pessoa provocado por situações avaliadas como estressoras para si.

Estudos mostram que as causas da ansiedade surgem por meio de uma combinação multifatorial: biologia, genética, ambiente estressor e histórico de vida. A ansiedade faz parte das nossas emoções, mais especificamente aliadas ao medo (fator igualmente protetivo para a nossa espécie), porém, como em qualquer sistema, não é infalível quando atua de maneira disfuncional, acarretando uma crise.

Como se Escala a uma Crise

Apesar do alto grau de desconforto trazido pela ansiedade, que eventualmente pode chegar a um ataque de pânico, os sintomas não são graves. As emoções são transitórias, trazendo uma correspondência fisiológica significativa. Os sintomas geralmente atingem o auge em 10 minutos e cessam em 20 minutos.

A fisiologia da crise, via de regra, pode ser assim resumida: as sensações de uma forte crise de ansiedade ou ataque de pânico fazem parte da ativação de um sistema de defesa do organismo para que possamos lidar com as adversidades. Cada sensação tem uma função específica, que preza pela nossa sobrevivência. Esse sistema, que trazemos dos nossos ancestrais, é acionado em momentos de perigo e serve para nos alertar e nos proteger, pois a ativação neuroendócrina viabiliza ao corpo luta ou fuga.

Os sintomas de uma crise de ansiedade são variados, os mais comuns são queixas gastrointestinais, cardíacas (aceleração), tensão muscular, tremor, nó na garganta, hipervigilância (busca de sinais no ambiente e sintomas no próprio corpo). Temos ainda uma alteração no centro da respiração, localizado na área mais primitiva de nosso cérebro, o tronco cerebral, que monitora o equilíbrio e prepara o indivíduo para enfrentar a situação que está desencadeando o estresse. Os sintomas cognitivo-emocionais também se fazem presentes, sendo mais comuns dificuldade de atenção e de memória e irritabilidade.

A via responsável por essa ativação é o sistema nervoso simpático (faz parte do sistema nervoso autônomo, relembrando as aulas de biologia!). Buscar a ativação do sistema nervoso parassimpático, antagonista no caso, é a meta.

Seguindo na escala da crise, podemos dividi-la, na prática, em duas partes: crise via fator desencadeador e crise noturna. Para a primeira, o gatilho pode ser uma ansiedade antecipatória, por exemplo, o medo de "não dar conta" de fazer algo ou de ir a algum lugar. Nesse sentido, não raro, os quadros de ansiedade são acompanhados por sintomas agorafóbicos (medo de ficar em locais ou situações onde existe dificuldade para escapar facilmente ou sem ajuda disponível, caso precise). Assim, a pessoa tem a necessidade de estar com pessoas e em lugares que tragam segurança.

O segundo tipo de ansiedade afetava mais comumente crianças, atualmente afeta adultos ansiosos de maneira geral e aqueles que apresentam (ou percebem) o sintoma somente à noite. Entende-se que nesse horário os estímulos externos são menores, abrindo caminho para toda forma de pensamentos, ruminações e catastrofizações. Os sintomas fisiológicos são os mesmos, respeitando a individualização e a faixa etária. Outro sintoma reconhecido com certa frequência é o bruxismo, uma desordem funcional que se caracteriza pelo ranger ou apertar dos dentes durante o sono, e a ansiedade é um dos fatores que propiciam tal desordem.

A psicoeducação (o conjunto de conhecimentos sobre o caminho dos sintomas) interfere diretamente na percepção dos sintomas no momento. Além de que a falta de informações desse curso faz o indivíduo pensar que está em um risco iminente, o que agrava mais a crise.

Ansiedade no Ambiente de Trabalho

As crises chegam "do nada", como muitos relatam, mas na verdade sabemos que não é bem assim, tudo tem motivo e explicação. Poderia citar apenas a predisposição do indivíduo ou sua genética, ou ainda um ambiente familiar conturbado, mas também sabemos que existe outra forte contribuição: a laboral. Mas por que esse fator seria tão incisivo para o desenvolvimento das crises ou um fator desencadeante (vulgo "gatilhos") para a ansiedade?

Os motivos são vários. Além da quantidade de horas de trabalho a que somos expostos, o que as pesquisas mostram e o que vivencio atualmente como demanda clínica apontam para: pressão por produtividade, cumprimento de prazos cada vez mais curtos na medida em que avança o desenvolvimento tecnológico; lideranças pouco eficazes no manejo de conflitos; comunicação não transparente no âmbito geral.

Aliado a tudo isso, o contexto social traz como pano de fundo alto grau comparativo (competitividade exacerbada e exposição constante às redes sociais), o que evolui rapidamente para autocobrança em demasia, perfeccionismo e procrastinação, uma tríade que se retroalimenta. Nesse cenário, o indivíduo pode ter dificuldades também cognitivas, de memória, uma vez que o estresse anda de mãos dadas com a ansiedade e o declínio motivacional.

Outro episódio bastante comum com efeito da ansiedade, mais no longo prazo, é o presenteísmo, termo cunhado para designar o antigo "está de corpo presente", situação em que o colaborador não consegue atender às demandas de rotina, mas comparece ao trabalho todos os dias, virtual inclusive. O presenteísmo compromete a produtividade e pode provocar acidente de trabalho pelo fator dispersão. O seu oposto também é válido, o absenteísmo, representado por constantes afastamentos médicos, visto que indivíduos nessa condição, via de regra, necessitam de maiores cuidados e atenção à saúde.

São recorrentes relatos como: descrição das reações de algumas pessoas (ou de si próprio) quando um imprevisto acontece dentro da rotina de trabalho, mostrando o grau de explosão quando a ansiedade é ativada ou a profunda necessidade de controle e exigência com planos, buscando assim um controle da própria ansiedade. Pessoas ansiosas parecem estar sempre à beira do caos (o fator negativismo aqui é preponderante) e sentem que seu cérebro funciona em alta velocidade, assim, os sintomas físicos que por ora apareçam desencadeiam ainda o mau humor (não esquecendo que a ansiedade é uma emoção!), logo as relações interpessoais no dia a dia de trabalho, e até de maneira geral, podem ficar complicadas.

A ansiedade também pode estar relacionada a um perfil comportamental perfeccionista, guiado pelos detalhes, que, no trabalho, acaba por manifestar dificuldades em respeitar prazos – mais um detalhe que afeta diretamente os outros e as relações. Nesse perfil, ainda podem ocorrer comportamentos que transitam em dois extremos: da insegurança constante (que pode se apresentar mais em alguns assuntos e menos em outros) até o oposto – autoconfiança exagerada, às vezes pautada em dados factíveis. Nas duas formas, o senso crítico fica comprometido, o que não favorece a resolução de problemas e a intermediação de conflitos.

Ambientes tóxicos contribuem para desenvolver alarmes ansiosos constantemente, quais sejam: tratamento desrespeitoso e agressivo "normalizado", tons de ameaças nas solicitações, procedimentos e metas confusos, gerando desconfiança e desmotivação.

Vale ressaltar o papel da empresa diante de tais circunstâncias e a importância de implementar algumas estratégias, não apenas para combater, mas também para acolher colaboradores nessa situação, como, por exemplo: promoção de palestras e/ou eventos informativos que busquem sensibilizar os times em relação ao quanto é importante cuidar da saúde física e mental e aprender a gerenciar as emoções; estímulo para transparência na comunicação com metas claras; parcerias com profissionais ligados à saúde mental para casos específicos; e incentivo à realização de atividade física, por meio de convênios com academias, equipes de corrida etc. Essas são algumas sugestões entre várias, dentro da realidade de cada empresa.

Contudo, nada disso fará sentido se as lideranças não estiverem engajadas no propósito. Os líderes precisam entender o quanto a sua contribuição é valiosa nesse processo e, para isso, precisam também ser orientados a fim de conquistar a segurança e a evolução do seu time.

Como Fazer um Autogerenciamento

A preocupação excessiva prejudica a capacidade do indivíduo de fazer as coisas de forma eficiente, seja em casa ou no trabalho, abrindo caminho para a ansiedade se instalar.

A ansiedade se torna disfuncional quando a pessoa começa a subestimar a sua capacidade de enfrentamento e segurança e passa a supervalorizar a probabilidade e a gravidade de a possível ameaça ocorrer, e isso leva, frequentemente, à evitação de certas situações. Sua capacidade para avaliar risco versus recurso fica comprometida. Trata-se de um tópico importante para a condução do autogerenciamento reconhecer os próprios recursos internos para lidar com a situação, tendo clareza da diferença entre correlação e causalidade, ou seja, alguma situação pode estar relacionada a outra, mas não ocorre necessariamente por causa dela. Isso ajuda a identificar os papéis e a trabalhar possíveis culpas (que são outro preditor de ansiedade), ajudando, consequentemente, a compreender a diferença entre culpa e autorresponsabilidade.

Nosso cérebro não lê informações futuras, ele interpreta nossos pensamentos como verdade absoluta no agora. Isso fica claro nos jogos de realidade virtual, por exemplo, quando os hormônios são liberados no momento devido às fortes emoções. Dessa forma, a preocupação futura é vista como verdade a ser sofrida hoje. No autogerenciamento, a busca pelo agora e pelo que a pessoa pode controlar gradativamente faz retornar ao eixo.

Dentro do autogerenciamento, podemos citar uma nova perspectiva do modo de pensar, como a autocompaixão, demonstrada pela compreensão do sofrimento de si como se compreenderia o sofrimento de um amigo. Estudos nesse sentido têm evoluído, mostrando os benefícios para a saúde mental de maneira geral.

Técnicas Eficazes para os Momentos de Crise

Existem protocolos efetivos para enfrentamento de crises de ansiedade e ataques de pânico, mas que só funcionarão efetivamente quando previamente treinados em momentos tranquilos, para que sejam manejados com facilidade quando recrutados.

A seguir estão alguns deles, que podem ser usados de modo combinado:

- Respiração diafragmática: inspire pelo nariz contando até 3, segure a respiração contando até 2, expire lentamente pela boca contando até 6.
- Suspiro cíclico: um estudo recente realizado pela Universidade de Stanford mostrou ser eficaz para melhorar o humor e reduzir a frequência cardiorrespiratória, atingindo áreas específicas do cérebro. Como segue: meia inspiração, pausa rápida, continua na sequência até a completa inspiração e finaliza com expiração total. Repetir por 5 minutos.
- Relaxamento muscular progressivo: contraia grandes grupos musculares (ex.: pernas, glúteos, abdômen), conte até 3 e solte.
- Lavar o rosto, os punhos e a nuca com água gelada, buscando um choque térmico (banho gelado não é indicado, podendo gerar efeito contrário).
- Focar o pensamento no ambiente ao redor, contar e nomear mentalmente objetos à sua volta.

Escolha a técnica possível ou que faça mais efeito em você.

Mindfulness – Atenção Plena

Estudos demonstram a eficácia da prática de *mindfulness* na redução de sintomas de depressão e ansiedade. Essa é uma técnica que consiste em se concentrar no momento presente, sem julgamentos, isto é, ter atenção plena nas próprias sensações, pensamentos e emoções.

Sair do modo automático é um desafio. É preciso educar a mente, desenvolver e aprimorar habilidades em lidar satisfatoriamente com as emoções e conviver bem consigo mesmo, mas o esforço vale a pena, considerando a melhora no quadro.

Veja alguns dos benefícios comprovados cientificamente pela prática de *mindfulness*:

- Mudanças comportamentais no que tange à diminuição de pensamentos distrativos e ruminantes, melhora do desempenho atencional e da saúde física.
- Aumento da ativação da atenção seletiva, diminuição da atenção para estímulos externos (informação sensorial).
- Ativação do sistema parassimpático (lembrando que esse sistema precisa ser ativado para conter o avanço das crises de ansiedade).
- Performance superior em testes cognitivos.
- Desenvolvimento da capacidade de aceitar o humor triste como parte do cenário, e não como aspecto central de sua existência.

Hábitos Protetivos

Alguns hábitos são considerados protetivos, uma vez que contribuem para o fortalecimento da imunidade e da cognição, evitando ou, ao menos, protelando algum tipo de doença.

- Alimentação saudável (vale ressaltar aqui que a excessiva ingestão de açúcar, incluindo bebidas alcoólicas, pode induzir ao aparecimento dos sintomas de ansiedade; diminuir a cafeína e manter adequadas vitaminas do complexo B também é recomendável).
- Atividade física (atua fortemente na regulação do humor).
- Sono regular (sugestão: abandono de telas 1 hora antes de dormir).
- Rotina, com poucas exceções (faz TODA a diferença para mente e corpo).
- Procurar diminuir a hiperatenção às reações fisiológicas normais do organismo, que normalmente desencadeia a crise inicial.
- Procurar aumentar o senso de autoeficácia, como já descrito em risco versus recurso. Não se subestime!
- Expor-se ao desconforto, gradativamente. O ciclo da manutenção da ansiedade se perpetua na medida em que não se enfrenta a situação deflagradora.
- Autocompaixão remete a ser compassivo consigo, amenizar o olhar e perceber o que pode ser feito agora. A escrita é um poderoso recurso para o treino dessa habilidade, ela tem um poder terapêutico libertador para diversas dores.

- Resgatar memórias positivas, evocar imagens e pensamentos de boa atuação ocorridos em algum momento ajuda a reprimir o negativismo.

Tratamento

De acordo com estudos dentro da comunidade científica, o tratamento para ansiedade através da Terapia Cognitiva Comportamental (TCC) é o que tem mostrado melhor evidência de sucesso. Nessa teoria, os sentimentos não são determinados por situações, mas sim pela forma como as pessoas interpretam tais situações. A partir dessa premissa, existe uma construção de pensamentos e comportamentos apresentados pelo indivíduo.

Segundo Barlow (2023, p. 170), "em vez de considerar a ansiedade uma resposta evocada em um determinado contexto, os indivíduos podem vir a se definir como ansiosos, fundindo suas identidades com essas experiências". Por vezes, essa evolução de pensamento pode chegar a julgamentos pessoais negativos, do tipo "Como sou fraco!" ou "Os outros não se preocupam como eu...", criando, dessa forma, um sistema que se retroalimenta.

A Figura 1 resume os tipos de sintomas da ansiedade. A TCC trabalha no desenvolvimento de habilidades para entendimento, enfrentamento e redução desses sintomas.

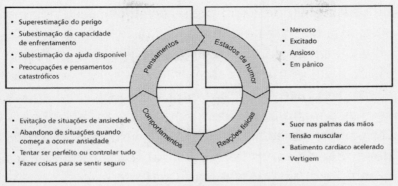

Figura 1 – Perfil dos sintomas de ansiedade
Fonte: Greenberger e Padesky (2017, p. 216).

Fortes preditores de sucesso nesse tipo de tratamento estão aliados ao vínculo terapêutico estabelecido (confiança no profissional) e ao engajamento nas atividades, que predispõem melhor aceitação às experiências internas. A redução na evitação de experiências também é preditora nos resultados de sintomas e qualidade de vida no pós-tratamento.

Os psicofármacos não devem ser descartados, sendo de muita valia no tratamento, trazendo alívio ao indivíduo, sempre com o devido acompanhamento médico. A medicação, aliada à psicoterapia, traz excelentes resultados na remissão dos sintomas e um aprendizado sobre seu funcionamento mental e emocional frente à vida. Munido dessas informações, sua capacidade de enfrentamento se torna mais fortalecida, diminuindo consideravelmente as chances de recaída. A orientação é que, caso os sintomas ansiosos persistam por mais de seis meses, trazendo prejuízos significativos para a vida, está na hora de procurar ajuda.

De acordo com as revisões de estudos quanto à eficácia de alguns psicofármacos, verificou-se que, mesmo eficazes no tratamento de sintomas ansiosos, os benzodiazepínicos ainda são motivo de muitas controvérsias na literatura em virtude do risco de dependência causada. A atualização de profissionais é sempre fundamental para a prescrição de tratamentos de primeira linha, indicados aos transtornos de maneira geral, considerando sempre a individualidade de cada paciente, bem como o tempo a ser utilizado.

No entanto, a concordância e a compreensão do paciente para o uso também são necessárias, pois a aderência ao tratamento é o que viabiliza o sucesso. Muitos apresentam receio da dependência da medicação, o que não ocorre respeitando a indicação prescrita pelo médico. Por outro lado, a psicoterapia fortalece o eixo para a fase da descontinuação medicamentosa.

Corroborando a eficácia do tratamento, encontramos artigos que trazem avanços e achados frente à utilização da TCC. Uma revisão sistemática da literatura, por exemplo, a qual resume os conhecimentos científicos já produzidos sobre o tema, evidenciou sucesso para tratamentos com idosos e os atendimentos atuais via internet, o que viabiliza o acesso a tratamentos com melhor distribuição.

Como Ajudar

Normalmente, as pessoas buscam ajuda profissional quando se sentem prejudicadas em áreas específicas ou por conta dos medos escondidos que corrompem a qualidade de vida. O incentivo de pessoas próximas para essa busca é fundamental nessa fase.

Para quem presencia um colega com ataque de pânico, convive com alguém que apresenta comportamento ansioso regularmente ou lidera pessoas nessa situação, como compreender e ser útil sem estigmatizar?

Todo processo de ajuda carrega consigo um sentimento de empatia. Sabemos que nem todos os seres humanos vieram com essa capacidade sintonizada, infelizmente. Mesmo assim, é possível ser solidário, porque sabemos que a crise é passageira e, como descrito, não é grave, mas extremamente desconfortável.

Nessas situações, é importante procurar manter-se calmo, ir para um lugar mais tranquilo com o colega, incentivar a respiração, mostrar que está ali à disposição para o que for necessário.

Se a ansiedade é considerada uma pandemia silenciosa, eu diria que a solidão é uma forte concorrente para o futuro. Pessoas que sofrem com as crises ou desenvolvem o transtorno relatam o quanto se sentem sós, mesmo sabendo que existem pessoas que as amam.

Trata-se de um sentimento além, como se não pudessem controlar e ao mesmo tempo não quisessem decepcionar, e ainda têm de suportar o tormento da crítica que supõem que receberão. Sentem como se a dor fosse a maior do mundo e nunca fosse passar (esse é um pensamento perigoso). Não entendem o porquê isso acontece com elas, pois o senso crítico está preservado, porém é avassaladora a sensação de redenção. Subjacente à ansiedade, normalmente existem sintomas depressivos, o que explica parte do quadro.

O mais importante durante a presença de uma crise é deixar claro que a pessoa não está sozinha e que você ficará por perto o tempo que for necessário. Acolher e validar o momento do outro, reforçando que vai passar, ajudando-o a escapar do hiperfoco em si mesmo são medidas tranquilizadoras e efetivas indicadas. O mais importante depois da crise, principalmente no ambiente de trabalho, é não rotular, não reduzir o profissional às crises – ele é muito mais que isso.

Concluindo, o tema é amplo com vários desdobramentos que nos são apresentados de tempos em tempos. Compreender e aceitar o que se sente é capaz de trazer alívio e maiores possibilidades de cura no longo prazo. Conhecimento é um caminho sem volta, dizem, e eu acredito, por isso é tão libertador. Efetivá-lo é o que nos diferencia em prol de uma vida promissora e significativa.

Referências

AMERICAN Psychiatric Association – APA. DSM-5. Manual Diagnóstico e Estatístico de Transtornos Mentais. 5. ed. Porto Alegre: Artmed, 2014.

BALBAN, Melis Yilmaz *et al*. Brief structured respiraction practices enhance mood and reduce physiological arousal. Cell Reports Medicine Published, v. 4, n. 1, 100895, jan. 23. Disponível em: https://doi.org/10.1016/j.xcrm.2022.100895. Acesso em: 6 ago. 2023.

BARLOW, David H. Manual Clínico dos Transtornos Psicológicos. Porto Alegre: Artmed, 2023.

GREENBERGER, Dennis; PADESKY, Christine A. A mente vencendo o humor. 2. ed. Porto Alegre: Artmed, 2017.

REYES, Amanda Neumann; FERMANN, Ilana Luiz. Eficácia da terapia cognitivo-comportamental no transtorno de ansiedade generalizada. Revista Brasileira de Terapias Cognitivas, Rio de Janeiro, v. 13, n. 1, p. 49-54, jun. 2017. Disponível em: http://dx.doi.org/10.5935/1808-5687.20170008. Acesso em: 6 ago. 2023.

RIBEIRO, Gabriel Luiz de Jesus; BRITO, Josué da Silva. Eficácia dos benzodiazepínicos no tratamento de transtornos ansiosos: uma revisão de literatura. Revista de Medicina, n. 101, v. 6, e-194499, 2022. Disponível em: https://doi.org/10.11606/issn.1679-9836.v101i6e-194499. Acesso em: 6 ago. 2023.

VITAL Strategies Brasil. Inquérito telefônico de fatores de risco para doenças crônicas não transmissíveis em tempos de pandemia. Covitel: relatório final. São Paulo: Vital Strategies, 2022.

Tânia Regina Rosa – Formada em Psicologia pela Universidade São Marcos em 1991. Pós-Graduada em Neurociência e Psicologia Aplicada e Especialista em Avaliação Psicológica. Experiência consolidada no ambiente Organizacional, atendimento primordialmente nessas demandas em Consultório atualmente.

CAPÍTULO 3

Profissionais à Sombra da Depressão: Resgatando a Alegria e a Produtividade Saudável no Trabalho

Alessandra Zampoli

"Eu vivo me levantando e caindo. E de novo me levantando...
Eu nunca sei se quero descansar porque estou cansada,
ou se quero descansar para desistir."
Clarice Lispector em sua luta contra a depressão,
julho de 1946

A depressão se tornou um fenômeno presente na configuração das psicopatologias contemporâneas, ganhando destaque não apenas no âmbito do discurso especializado das ciências, mas, também, marcando presença na linguagem popular. Estar deprimido é praticamente uma condição do sujeito pós-moderno (Bauman, 1998), de tal forma que vivemos hoje sob o signo de uma verdadeira epidemia de depressão (Peres, 2003; Pignarre, 2012).

Desde 2001 a OMS (Organização Mundial de Saúde) já havia alertado de que a depressão alcançaria índices epidemiológicos alarmantes, a tal ponto que atualmente é uma das patologias que mais causa perdas econômicas no mundo, ao lado do câncer e de doenças cardíacas.

Só no Brasil, que é considerado o quinto país com maior porcentagem de deprimidos no mundo, estima-se uma perda anual de US$ 78 bilhões por queda de produtividade, segundo a pesquisadora Sara Evans-Lacko, da *London School of Economics*. Não podemos nos esquecer também das perdas muitas vezes intangíveis, como qualidade de vida e impactos emocionais familiares.

Muitos são os fatores que podem levar uma pessoa a ter depressão. Neste capítulo darei enfoque na depressão profissional, buscando explorar os fatores de risco e os efeitos, bem como estratégias e abordagens terapêuticas para ajudar na recuperação desta patologia.

Identificação dos Fatores de Risco e Desencadeantes da Depressão no Contexto do Trabalho

Temos cada vez mais a sensação de que o relógio está girando em uma velocidade difícil de acompanhar, o mundo não para, as oportunidades aparecem e somem na velocidade da luz, e como ficam as empresas neste contexto? Certamente tentando se equilibrar para terem competitividade e sustentabilidade dos negócios.

Nesta tentativa, temos cenários de constantes reestruturações organizacionais, processos instáveis dificultando a geração de resultados, excesso de projetos rodando ao mesmo tempo sem ter pessoas suficientes para atuar em todas as frentes, ausência de uma boa gestão da mudança e aumento de acidentes de trabalho.

Todo esse cenário gera, de forma direta ou indireta, conflitos interpessoais, disputas, tensão e desequilíbrio emocional. Perceba que é como uma bola de neve que começa a girar e, quanto mais gira, mais cresce e, quando vemos, a depressão já está instalada.

O que quero dizer com isso é que dificilmente temos um ponto único e específico que desencadeia uma depressão profissional. É o conjunto de fatores ao qual o trabalhador é submetido, em um determinado espaço de tempo, que o leva ao adoecimento.

A depressão no contexto do trabalho é uma questão complexa que envolve diversos fatores de risco e reações em cadeia. O ambiente de trabalho, as demandas impostas e as relações interpessoais podem desempenhar um papel significativo no desenvolvimento e agravamento dessa condição mental.

Cada vez mais se faz necessário debruçar nesta discussão para que tanto empresas como trabalhadores desenvolvam uma consciência para o tema e, mais que isso, discutam soluções eficazes para mitigar os fatores de risco envolvidos.

Sabemos que cada empresa tem sua cultura, suas políticas, processos e formas de trabalhar, sendo pretensioso achar que conseguiria esgotar neste capítulo todos os fatores envolvidos para desencadeamento de uma depressão profissional. Trago aqui os mais comumente identificados:

Excesso de Carga de Trabalho: A pressão para lidar com cargas de trabalho pesadas, prazos apertados e expectativas irrealistas pode levar a altos níveis de estresse e esgotamento emocional, aumentando o risco de desenvolver depressão.

Falta de Autonomia e Controle: Quando os trabalhadores têm pouco controle e autonomia sobre seu trabalho e ainda assim são cobrados pelos resultados de forma única e incisiva, sentem-se frustrados, o que pode levar a sentimentos de impotência e desesperança, aumentando a vulnerabilidade à depressão.

Ambiente Interpessoal Negativo: Conflitos constantes, bullying, assédio moral e sexual e/ou falta de apoio social no ambiente de trabalho criam um clima negativo que pode impactar incisivamente a saúde mental dos trabalhadores.

Insegurança no Emprego: A dúvida em relação à permanência no emprego, a instabilidade financeira e as baixas perspectivas de carreira podem gerar ansiedade crônica, alimentando o estresse, podendo ser um preditivo para o desenvolvimento da depressão.

Falta de Reconhecimento e Recompensa: A ausência de reconhecimento pelo esforço e conquista dos trabalhadores pode minar sua motivação e autoestima, aumentando o risco da doença.

Para enfrentar os fatores de risco e desencadeantes da depressão no contexto do trabalho, é fundamental que as organizações promovam uma cultura de apoio real e não só as que aparecem na comunicação interna em tempos de SIPAT, em setembro em razão do Setembro Amarelo (mês de conscientização do suicídio) ou no Janeiro Branco (mês de conscientização da importância da saúde mental). Faz-se mandatório atualmente que as empresas incentivem a comunicação aberta, promovam programas de bem-estar e treinamento em saúde mental, além de implementarem práticas que visam ao gerenciamento do estresse e do esgotamento. Os indivíduos também devem buscar equilibrar suas vidas profissional e pessoal, estabelecer limites saudáveis e procurar ajuda profissional ao perceberem os primeiros sinais de sintomas depressivos, como tristeza excessiva, fadiga, insônia, perda de apetite, entre outros.

É crucial que exista a colaboração entre empregadores, empregados e profissionais de saúde mental para criar um ambiente de trabalho mais saudável e propício ao bem-estar emocional.

Compreensão dos Sintomas e Impactos da Depressão Profissional

"Problemas de saúde mental não definem quem você é. Eles podem ser intensos. Eles podem ser esmagadores. Mas eles são algo que você experimenta e não quem você é. Do mesmo modo que você pode andar na chuva, sentir a chuva, deixar que ela o encharque até os ossos, mas, ainda assim, você não é a chuva", Matt Haig (2017).

Compreender os sintomas e os efeitos do impacto da depressão na vida de um indivíduo trabalhador é fundamental para lidar com ela de maneira adequada e buscar o apoio necessário.

Importante ressaltar que a depressão é um transtorno multifatorial, que pode vir na herança genética, pode estar associado a abusos na infância ou a traumas pontuais como a morte de alguém querido. Você pode estar deprimido, mesmo que as circunstâncias da sua vida sejam as melhores possíveis.

No âmbito profissional, quando aparecem os primeiros sintomas, geralmente sentimos o trabalhador ficar esgotado e sem controle sobre seu cotidiano, não conseguindo organizar suas tarefas e por vezes extrapolando nas horas extras. Essas pessoas podem se ressentir com suas atribuições, dos colegas e líderes, sentirem-se irritadas e ineficazes, como se simplesmente não conseguissem fazer nada. Podem inclusive passar a odiar um emprego que um dia foi motivo de prazer.

Junto com o estresse gerado por esse conjunto de emoções e sentimentos, ainda pode vir uma série de sintomas biológicos como: insônia, dores de cabeça, crises de ansiedade e problemas gastrointestinais.

A falta de concentração e a baixa de energia acabam afetando a produtividade e a qualidade das entregas, levando a um desempenho insatisfatório e, em via de regra, intensificando ainda mais os sintomas depressivos.

Além disso, a depressão tende a levar o indivíduo ao isolamento social no ambiente de trabalho. O indivíduo pode se afastar dos colegas, se esquivar de convites para celebrações, *happy hours* e atribuir suas recusas ao fato de estar constantemente sobrecarregado. A queda na autoestima e a autocrítica exacerbada também são comuns, o que desencadeia um sentimento de incapacidade e insegurança em relação às próprias habilidades. Neste ponto é interessante lembrar da Síndrome do Impostor ou SI, como é chamada.

Essa síndrome é comumente vista em pessoas com o quadro de depressão e se caracteriza como a incapacidade de internalizar o sucesso e a tendência de atribuir seu êxito a causas externas, como sorte, erro ou ignorância de outras pessoas. É como se a todo momento o indivíduo se sentisse um impostor de suas próprias habilidades e que, em um piscar de olhos, alguém pudesse descobrir sua incapacidade, ou seja, ele não consegue reconhecer seu valor.

Na depressão, diferentemente da síndrome de *burnout*, em vez de irritação, ódio ao emprego e cinismo, o que sobressai é uma grande indiferença a tudo, uma falta de vitalidade e apreço pelas coisas.

Na esfera pessoal, a depressão também pode exercer um sofrimento significativo. O indivíduo costuma experimentar mudanças de humor frequentes, como tristeza profunda, irritabilidade e apatia. Uma pessoa deprimida por sentir-se desconectada e incompreendida, tendendo ao isolamento, deixando de usufruir do convívio com os amigos e afastando-se da família. A autoestima abalada tende a distorcer a autoimagem do indivíduo, o que reverbera no sentimento de culpa e autodepreciação, tornando a recuperação ainda mais desafiadora.

É importante destacar que a depressão não é apenas uma tristeza passageira ou uma fase difícil no trabalho, trata-se de uma condição de saúde mental que requer atenção e tratamento adequado.

É bastante comum que o indivíduo deprimido se sinta culpado e envergonhado por estar naquela situação e demora para assumir para si mesmo que algo "de errado" está acontecendo. Há diversos estudos que mencionam que o diagnóstico tardio e o tratamento inadequado da depressão podem levar a um agravamento dos sintomas, maiores taxas de cronicidade e uma recuperação mais difícil. A grande questão que fica é: contar ou não contar para o líder, para os colegas de trabalho ou para o RH da empresa o que estou passando?

Embora o assunto de saúde mental esteja mais descortinado nas pautas dentro das empresas nos últimos anos, muito impulsionado pela pandemia de COVID-19, ainda estamos engatinhando no estabelecimento de programas eficazes e no desenvolvimento da liderança para um maior conhecimento sobre o assunto e manejo para com pessoas acometidas pela depressão. O que assistimos ainda é muita desinformação e estigma.

Por essas razões, é bastante comum o indivíduo rejeitar dividir seu diagnóstico com a empresa e os colegas. Ao contrário de quando quebramos a perna, por exemplo, todos manifestam interesse em ajudar, mas, quando entramos em depressão, as pessoas têm dificuldade em entender o que é e, quando entendem, não sabem como ajudar o colega. Nota-se que não é incomum o grupo desaproximar com medo de não ter traquejos para colaborar com a recuperação do indivíduo em sofrimento.

Há a incompreensão de que você não escolheu se sentir deprimido, e os companheiros de trabalho podem não entender por que você não faz algo para "se sentir melhor". Com isso o deprimido vai se diluindo, se sentindo cada vez mais apático e desamparado, mesmo na presença de todos.

Dito isso, entende-se que a compreensão dos sintomas e das emoções na depressão profissional é o primeiro passo para lidar com essa condição de forma efetiva. O apoio adequado, a busca por tratamento profissional e a construção de uma rede de apoio pode ser o determinante para o indivíduo recuperar o equilíbrio emocional e retomar sua vida profissional e pessoal de maneira saudável e satisfatória.

Estratégias para Gerenciar e Superar a Depressão no Ambiente Profissional

De acordo com o Relatório de Saúde Mental no Trabalho dos Parceiros da *Mind Share* (2023), há oito estratégias em que os indivíduos sofrendo de depressão se valem quando o assunto é revelar ou não para a empresa sobre o que estão passando.

1. Ocultar: esse trabalhador simplesmente ignora o que está acontecendo com ele e ninguém desconfia o que ele está passando.

2. Mentir: Quando possui uma consulta no psiquiatra, diz que vai em outro tipo de especialidade ou, quando falta ao trabalho, inventa outro motivo.

3. Mascarar: Por dentro está se sentindo sem energia, sem vida, mas continua rindo das piadas.

4. Sinalizar: A pessoa não fala abertamente sobre sua condição, mas deixa pistas puxando assuntos sobre saúde mental ou algo do tipo.

5. Tocar de leve no assunto: A pessoa toca no assunto com algumas pessoas, mas esconde informações como, por exemplo, as medicações que toma.

6. Contar aos mais próximos: A pessoa seleciona colegas de sua confiança para contar integralmente o que está acontecendo com ela.

7. Transparência: Nesse caso, o profissional é completamente aberto e franco sobre sua depressão. Não esconde de ninguém.

8. Ativismo: O profissional não apenas revela sua depressão, mas levanta uma bandeira sobre a conscientização dos cuidados com a saúde mental na empresa.

Vale ressaltar que não existe uma estratégia melhor ou pior, e sim a forma com que a pessoa consegue lidar com suas dores, sua exposição e sua condição mental. Cada ser humano é único e os sintomas, embora muitas vezes parecidos, ressoam de maneira diferente dentro de cada um.

Quando a cultura e o ambiente corporativo da empresa são acolhedores e os líderes são mais bem preparados para lidar com esse tema, certamente contribui para que o trabalhador se sinta mais seguro em dividir o que está passando. Por isso é importante pensar que não só o trabalhador deve conhecer estratégias para o manejo da depressão, mas é crucial que as empresas instruam seus líderes e promovam um ambiente seguro psicologicamente para que esse e outros transtornos sejam exteriorizados sem o "terror" do estigma.

Gerenciar a depressão no ambiente de trabalho é uma responsabilidade importante para as empresas, pois a saúde mental dos trabalhadores impacta diretamente na sustentabilidade do negócio através da produtividade, satisfação e bem-estar. Algumas orientações para líderes e gestores aplicarem no ambiente corporativo podem contribuir ativamente para a saúde e segurança psicológica, a saber:

Promover a Conscientização e a Educação: Realizar workshops, palestras, rodas de conversas ou sessões de treinamento sobre saúde mental, destacando a depressão, como identificar os sintomas e como apoiar colegas que podem estar enfrentando dificuldades. Distribuir materiais informativos e recursos sobre saúde mental e depressão.

Cultivar uma Cultura de Apoio: Fomentar um ambiente de trabalho inclusivo, onde os trabalhadores se sintam à vontade para falar sobre sua saúde mental sem medo de estigma ou discriminação. Líderes e gestores devem dar o exemplo ao demonstrar empatia e abertura para discutir questões relacionadas à saúde mental.

Oferecer Recursos de Apoio: Disponibilizar acesso a serviços de aconselhamento ou psicoterapia por meio de programas de atendimento ao trabalhador ou parcerias com profissionais e clínicas de saúde mental. Promover rodas de conversas dirigidas por profissionais competentes.

Flexibilidade no Trabalho: Oferecer horários flexíveis, trabalho remoto ou opções de trabalho em meio período para permitir que os trabalhadores gerenciem suas responsabilidades profissionais enquanto cuidam de sua saúde mental.

Reintegração ao Trabalho: Criar um plano seguro para facilitar o retorno ao trabalho após um período de afastamento devido à depressão, com foco na reintegração gradual e apoio necessário.

Programas de Bem-Estar: Implementar programas de bem-estar que incluam atividades físicas, meditação, ioga e outras práticas que podem ajudar a aliviar o estresse e melhorar a saúde mental.

Comunicação Aberta: Estabelecer canais de comunicação eficazes para que os trabalhadores possam expressar suas preocupações e necessidades em relação à saúde mental, sem preocupação em ser julgado ou rotulado.

Monitoramento Proativo: Identificar sinais precoces de estresse ou depressão por meio de *check-ins* regulares com os trabalhadores e avaliações de desempenho que incluam uma dimensão de bem-estar, ou a realização de *assessment* dirigido para identificação de profissionais em estado de sofrimento emocional.

Políticas de Licença e Afastamento: Certifique-se de que os trabalhadores tenham acesso a licenças médicas remuneradas e políticas de afastamento flexível quando necessário.

É importante lembrar que as necessidades das pessoas podem variar. Portanto, as empresas devem adotar uma abordagem flexível e personalizada ao implementar essas intervenções.

Promovendo uma Cultura de Apoio e Compreensão

Muitas empresas ainda acham difícil buscar uma cultura voltada ao bem-estar e saúde mental do trabalhador, alegando ser muito caro todos esses programas. O que elas não se dão conta é que caro mesmo é ter funcionários com baixa produtividade, vários afastamentos e alto *turnover*.

Para exemplificar, cito aqui a reportagem sobre depressão da revista Você RH de agosto de 2023, em que a SAP Brasil, empresa do setor de software empresarial, lançou em 2019 o programa "Saúde Mental importa", unindo suas áreas de recursos humanos, comunicação e marketing. Um dos objetivos principais foi conscientizar líderes e liderados de que o tema precisava fluir naturalmente na organização.

Nessa matéria uma executiva de RH explica que "A intenção era que o funcionário pudesse pedir ao seu gestor para sair mais cedo por causa de uma consulta a um psiquiatra com a mesma naturalidade que pediria para ir ao dentista". Desde a implantação do programa, conversas mensais dirigidas por psicólogos, debatendo temas como depressão e workshops pontuais solicitados por gestores de áreas, passaram a ser realizadas.

O programa todo foi desenhado com a supervisão de psiquiatras, e o resultado positivo pode ser comprovado na última pesquisa de clima, em que a satisfação com as questões relacionadas ao equilíbrio psicológico subiram de 70% para 82%, de um ano para o outro.

O indicado é que as empresas atuem em três frentes, a conscientização, prevenção e promoção do tema de saúde mental. Assim também é altamente desejável que as empresas possam contar com uma equipe multidisciplinar, e para isso há no mercado muitas fornecedoras deste tipo de serviço, com psiquiatras, terapeutas, médico do trabalho e assistente social, favorecendo o acompanhamento dos trabalhadores e a identificação, ao menor sinal, que uma depressão está prestes a surgir e com isso tomar as ações imediatas para o acolhimento do trabalhador e reversão do quadro. Reiterando que, quanto antes iniciar o tratamento, maior índice de sucesso podemos ter.

Sabemos que o foco das empresas é em produtividade, e de alguma forma isso acaba fortalecendo o paradigma da lei do mais forte. É como se a pessoa que tem ou já teve depressão fosse uma pessoa fraca e por isso não confiável em assumir grandes responsabilidades.

A correção em relação à comunicação e formas de expressão é urgente e mandatória no ambiente corporativo. Não devemos trivializar expressões como "isso é mimimi", "não sabe brincar, não desce para o play", "não aguenta, bebe leite" e outras similares. Quando essas palavras são usadas, as pessoas que enfrentam desafios desse tipo muitas vezes se retraem e podem sucumbir ainda mais à doença, quando não, incorrem a desfechos bastantes trágicos.

É crucial lembrar que promover a compreensão da depressão no ambiente de trabalho não é apenas uma responsabilidade ética, mas também uma responsabilidade social das empresas.

Abordagens Terapêuticas e Tratamentos Disponíveis para Auxiliar na Recuperação

Como já citado, a depressão é uma condição multifatorial, e não há uma única causa que explica por que uma pessoa tem mais chances de adoecer do que outra. O que podemos afirmar é que a depressão geralmente resulta de uma combinação de fatores genéticos, biológicos, psicológicos e ambientais.

Sob a ótica genética, se membros da família têm um histórico de depressão, a probabilidade de alguém desenvolver uma condição pode ser maior.

Quando falamos de biologia, alterações químicas no cérebro, como desequilíbrios nos neurotransmissores, desempenham um papel importante para o desenvolvimento da doença.

Já dentro das condições psicológicas, podemos citar experiências traumáticas, estresse psicológico, baixa autoestima, autocrítica excessiva, entre outros.

Quando falamos de depressão profissional, ela pode ser gerada principalmente devido a questões sócio/ambientais. Como vimos neste capítulo, as empresas precisam evoluir no tema, mas é igualmente importante o papel do indivíduo em se autoconhecer para entender o motivo pelo qual muitas vezes não consegue colocar limites em seu dia e em suas demandas, bem como analisar como tem sido seu estilo de vida e suas prioridades para assim contribuir com a manutenção de uma vida saudável.

Assim como vários fatores podem desencadear a depressão, muitas são as alternativas de tratamento. O tratamento pode variar de acordo com a severidade dos sintomas e com as necessidades de cada indivíduo. Geralmente, as abordagens atuais incluem: psicoterapias, medicamentos antidepressivos e estabilizadores de humor e revisão do estilo de vida, incluindo exercícios físicos, dieta saudável e sono adequado, nunca desprezando a contribuição e o poder de sua rede de apoio, que incluem familiares, parceiros e amigos, bem como colegas de trabalho e líderes.

No Brasil, sabemos que nossos serviços públicos de saúde na maioria das demandas são deficitários, mas ainda é importante informar que todo cidadão pode e deve buscar ajuda nos órgãos aptos e disponíveis no país como:

Sistema Único de Saúde (SUS): O SUS oferece atendimento médico e psicológico gratuito em postos de saúde e hospitais públicos em todo o país. Geralmente o caminho a percorrer é primeiramente agendar uma consulta com médicos clínicos gerais, que farão uma primeira avaliação para posterior encaminhamento a psicólogos e psiquiatras da rede pública.

Centros de Atenção Psicossocial (CAPS): Os CAPS são unidades especializadas no atendimento a pessoas com transtornos mentais, incluindo a depressão. Eles oferecem acompanhamento psicológico, psiquiátrico e atividades terapêuticas em grupo. Para ser atendido em um CAPS pode-se procurar diretamente esse serviço ou ser encaminhado pelo Programa de Saúde da Família ou por qualquer serviço de saúde. A pessoa pode ir sozinha ou acompanhada, devendo procurar, preferencialmente, o CAPS que atende a região onde reside. Lá ele encontrará o primeiro acolhimento para que em seguida seja definido qual o melhor tratamento.

Programa de Saúde da Família (PSF) ou Estratégia de Saúde da Família (ESF): Trata-se de um modelo assistencial da Atenção Básica, com equipes multiprofissionais em um território adstrito e desenvolve ações de saúde a partir do conhecimento da realidade local e das necessidades de sua população. Geralmente a equipe é formada por médicos, enfermeiros, auxiliares de enfermagem e agentes comunitários de saúde. É focado na aproximação entre as unidades de saúde e as famílias assistidas, trazendo um caráter preventivo de tratamento. Para se cadastrar no PSF é necessário solicitar a visita de um agente comunitário de saúde na Unidade Básica de Saúde mais próxima e fornecer os dados necessários, como RG, CPF e cartão do SUS.

Além disso, ademais dos serviços mencionados atualmente, é comum encontrar profissionais médicos, terapeutas e psicólogos que trabalham com agendas e valores sociais, facilitando o acesso das pessoas aos tratamentos necessários.

Depressão Não É o Fim da Linha: O Renascimento da Esperança

Gosto muito de uma frase de Bárbara Kingsolver, romancista e poetisa americana, que diz: "A depressão é seu corpo dizendo que você precisa de ajuda".

Cabe a nós ouvirmos esse pedido e aceitarmos essa ajuda. Isso não é sinal de fraqueza, ao contrário, precisamos de muita força e coragem para voltar nosso olhar para dentro e compreendermos nosso momento e fragilidades.

No obscuro labirinto da vida, há momentos em que nos vemos envoltos por uma névoa densa, onde a luz parece inalcançável e os passos são pesados demais. Esses são os momentos em que a depressão nos abraça, lançando-nos em um abismo de tristeza e desespero. No entanto, é vital lembrar que, apesar de sua intensidade avassaladora, a depressão não é o fim da linha, mas sim um capítulo em nossa jornada.

É fácil se perder na escuridão da depressão, permitindo que ela sussurre mentiras cruéis em nossos ouvidos, nos convencendo de que somos impotentes e indesejados. No entanto, precisamos resistir a essas mentiras, pois todos somos portadores de uma força interior imensurável. A jornada rumo à recuperação pode ser sinuosa e íntima, mas a esperança nunca nos abandona, mesmo quando não conseguimos vê-la claramente.

A depressão, muitas vezes, é um chamado para nos conectarmos com nós mesmos, uma oportunidade para explorarmos nossas profundezas e entendermos as raízes de nossa dor. Ela nos convida a buscar apoio e compreensão, seja através de amigos, familiares ou profissionais de saúde mental, que podem nos guiar gentilmente de volta à luz.

Referências

BAUMAN, Z. O mal-estar da pós-modernidade. Rio de Janeiro, RJ: Jorge Zahar, 1998.

CARVALHO, A. Depressão e Trabalho. Revista Você RH, p. 25-35, Ago./Set. 2023.

Cidade de São Paulo. Estratégia Saúde da Família – ESF, 2013. Disponível em: https://www.capital.sp.gov.br/cidadao/saude-e-bem-estar/melhorias-na-saude-municipal/estrategia-saude-da-familia-esf. Acesso em: 06 set. 2023.

HAIG, M. Razões para continuar vivo: Histórias de um homem que enfrentou a depressão e reaprendeu a viver. Tradução de Clóvis Marques, Rio de Janeiro, RJ, 1. ed., 2017.

KINGSOLVER, B. A Lacuna, Tradução de Paulo Polzonoff Junior, Campinas, SP, 1. ed., 2011.

LACKO, S. E. Conferência Summit de Saúde Mental nas organizações. Brasil, 2020.

Mind Share Partners. Mental Health at Work Report, 2021. Disponível em: https://www.mindsharepartners.org/mentalhealthatworkreport-2021. Acesso em: 06 set. 2023.

Organização Mundial de Saúde. Relatório sobre a saúde no mundo 2001: saúde mental: nova concepção nova esperança. Genebra: OMS, 2001.

PERES, U. T. Depressão e melancolia. Rio de Janeiro, RJ: Jorge Zahar, 2003.

PIGNARRE, P. Comment la dépression est devenue une épidémie. Paris: La Découverte, 2012.

Prefeitura de São Paulo. Centros de Atenção Psicossocial (CAPS), 2021. Disponível em: https://www.prefeitura.sp.gov.br/cidade/secretarias/saude/atencao_basica/index.php?p=204204. Acesso em: 06 set. 2023.

Saúde da Família. Org. Serviço de Atendimento ao usuário – Dúvidas frequentes, 2022. Disponível em: https://www.saudedafamilia.org/_wp/index.php/pt/home/sau/sau-duvidas-frequentes/#:~:text=Para%20ser%20atendido%2C%20o(a,de%20aten%C3%A7%C3%A3o%20da%20respectiva%20regi%C3%A3o. Acesso em: 06 set. 2023.

Alessandra Zampoli – Graduada em Biomedicina pela Uniararas com MBA em Gestão Empresarial e Negócios e extensão em Recursos Humanos pela Unitau. Formação em Psicanálise com especialização em Psicoterapias Psicanalíticas pelo Cefas e formação Master Practitioner em Programação Neurolinguística pela Sociedade Brasileira de PNL. Especialista em Change Management e Desenvolvimento Organizacional.

CAPÍTULO 4

Do Burnout à Renovação: Práticas de Prevenção e Recuperação da Síndrome do esgotamento

Soraia Pena
Ivan Sant'Ana Rabelo

"Estou desgastado, minha alma está em chamas,
Trabalhando duro todos os dias,
O fogo dentro de mim está queimando rápido,
Sinto o burnout me consumindo."
Trecho da música "Burnout", de Green Day

Viver no ritmo acelerado da vida moderna, principalmente no ambiente de trabalho, muitas vezes nos faz sentir como se estivéssemos correndo em uma esteira que só acelera. Você já sentiu isso? Uma sensação de estar constantemente se esgotando, lutando para acompanhar as demandas intermináveis e ainda sentindo que nunca é suficiente. Se isso lhe soa familiar, então este capítulo é para você.

Vamos explorar a resiliência e a renovação, dois conceitos incrivelmente importantes no cenário profissional atual, na era do excesso de tudo, excesso de tecnologia, de informação, de autoexigência, de comparações com vidas tão esgotadas quanto as nossas. Resiliência não é apenas sobre ser capaz de suportar a pressão, mas também sobre se adaptar e crescer em face de adversidades. Renovação, por outro lado, não é simplesmente descansar e recarregar, é um processo de recuperação e redefinição de si mesmo.

Agora, o que acontece quando deixamos de ser resilientes e falhamos em nos renovar? Pode ocorrer um fenômeno chamado *burnout*. O *burnout* é uma síndrome que emerge como resposta ao estresse crônico no local de trabalho, que não foi bem gerenciado. Ele se caracteriza por sentimentos de exaustão, cinismo ou distanciamento das atividades profissionais e uma eficácia profissional reduzida.

Lembre-se, o bem-estar no trabalho não é um luxo, é uma necessidade, e *burnout* não precisa ser o fim. Se bem compreendido e corretamente tratado, há maneiras de superar essa síndrome.

Com as ferramentas certas e uma mentalidade adequada, podemos criar ambientes de trabalho saudáveis, onde a resiliência e a renovação não são apenas palavras de ordem, mas uma realidade vivida.

Esperamos que este capítulo ofereça uma nova perspectiva e forneça as ferramentas necessárias para navegar no complexo mundo profissional de hoje. Vamos juntos nessa jornada de prevenir e se recuperar do *burnout,* cultivando a resiliência e a renovação em nossas vidas.

Evolução do Entendimento do *Burnout:* Uma Cronologia Abrangente

O *burnout* é um fenômeno complexo que tem sido objeto de estudo e pesquisa há décadas, e nossa compreensão sobre ele continua a se aprofundar. Os primeiros relatos desse estado datam da década de 1970, quando o psicólogo Herbert Freudenberger observou que muitos de seus pacientes, incluindo ele mesmo, estavam experimentando uma sensação avassaladora de exaustão emocional, despersonalização e redução da realização pessoal em relação ao trabalho.

Freudenberger cunhou o termo *"burnout"*, inspirado pelo mundo do vício em drogas, para descrever essa condição de esgotamento. Ele percebeu que o *burnout* não se limitava apenas à exaustão física, mas também envolvia um esgotamento emocional profundo, tornando-se um problema de saúde mental e emocional.

Naquela época, o *burnout* era visto principalmente como um problema individual, relacionado à incapacidade das pessoas de lidarem com as demandas do trabalho. No entanto, no início da década de 1980, a psicóloga Christina Maslach começou a estudar o fenômeno como uma questão organizacional. Ela desenvolveu o *Maslach Burnout Inventory (MBI)*, uma ferramenta amplamente utilizada até hoje para medir os sintomas do *burnout*.

O MBI avalia três dimensões principais desta síndrome: exaustão emocional, que se refere à sensação de estar esgotado e sem recursos emocionais para lidar com as demandas do trabalho; despersonalização, que é a tendência de desenvolver uma atitude cínica, distante e despersonalizada em relação aos outros no ambiente de trabalho; e redução da realização pessoal, que se manifesta como uma sensação de falta de realização, baixa autoestima e sentimentos de incompetência em relação ao trabalho.

Durante a década de 1990, o estudo desse estado realmente ganhou impulso. Pesquisadores de diferentes partes do mundo começaram a investigar como o *burnout* afeta profissionais de diversas áreas, como médicos, enfermeiros, professores, policiais, assistentes sociais e executivos corporativos. Essa ampla pesquisa revelou que este fenômeno não fazia distinção – podia afetar qualquer pessoa, independentemente da profissão. Neste espaço, vale um parêntese para comentar uma pesquisa relevante que investigou a prevalência do *burnout* em relação a sexo, raça e faixa etária, foi o estudo intitulado "Prevalência da síndrome de *burnout* entre trabalhadores brasileiros: uma revisão sistemática e meta-análise", publicado por Bianca Bianchi et al. em 2020.

Em relação ao sexo, a pesquisa mostrou que tanto homens quanto mulheres podem ser afetados, mas a prevalência pode diferir entre os gêneros. Em geral, as mulheres apresentaram taxas ligeiramente mais altas de *burnout* em comparação aos homens, possivelmente devido a fatores como a sobrecarga de trabalho e a conciliação de múltiplos papéis sociais.

Quanto à raça, a pesquisa indicou que não houve diferenças significativas na prevalência deste estado entre grupos raciais específicos. No entanto, é importante ressaltar que os estudos incluídos na meta-análise foram predominantemente realizados com amostras brasileiras, limitando a generalização desses resultados para outras populações.

Em relação à faixa etária, a pesquisa identificou que o *burnout* pode afetar profissionais de todas as idades, mas sua prevalência tende a variar em diferentes estágios da vida. Por exemplo, jovens trabalhadores podem enfrentar desafios relacionados ao início de suas carreiras, enquanto trabalhadores mais experientes podem enfrentar questões relacionadas à sobrecarga de responsabilidades e falta de reconhecimento.

Esses resultados destacam a importância de considerar fatores como sexo, raça e faixa etária ao estudar o *burnout*, pois eles podem influenciar as experiências e os níveis de estresse no ambiente de trabalho. No entanto, é fundamental realizar mais pesquisas para compreender melhor essas relações e como elas podem variar em diferentes contextos culturais e profissionais.

Voltando à nossa narrativa cronológica, no início do século XXI, a Organização Mundial da Saúde (OMS) reconheceu oficialmente o *burnout* como um fenômeno de saúde legítimo. Em sua 10ª edição da Classificação Internacional de Doenças (CID-10), a OMS incluiu o *burnout* como um "estado de vitalidade reduzida". Essa inclusão foi um marco importante, pois evidenciou que a comunidade médica internacional estava levando a sério a questão do esgotamento profissional.

Em 2019, a OMS atualizou a definição de *burnout* em sua 11ª edição da Classificação Internacional de Doenças (CID-11). Agora, o *burnout* é definido como uma "síndrome resultante do estresse crônico no trabalho que não foi devidamente gerenciado". Essa nova definição reconhece o papel crucial que o ambiente de trabalho desempenha no surgimento e na perpetuação do *burnout,* destacando a importância de uma abordagem organizacional para lidar com esse problema.

É inegável que a pandemia global de COVID-19 teve um impacto significativo na disseminação desse estado. O estresse e a incerteza gerados pela pandemia levaram a um aumento dramático nos casos de transtornos mentais, incluindo a síndrome do *burnout.* Com muitos profissionais trabalhando remotamente pela primeira vez, novos desafios e fontes de estresse surgiram, como a falta de limites entre vida pessoal e profissional, a dificuldade em separar trabalho e descanso, além da preocupação constante com a saúde e segurança.

Entendemos que a história do *burnout* é uma história de progresso contínuo, pois o que começou como um termo desconhecido se transformou em uma condição amplamente reconhecida e estudada. No entanto, ainda há muito a aprender sobre as causas dessa síndrome, as estratégias eficazes de prevenção e formas de ajudar aqueles que estão sofrendo. À medida que novas pesquisas são realizadas, continuamos a expandir nosso conhecimento sobre esse fenômeno complexo.

O fundamental é reconhecer que o *burnout* não é um sinal de fraqueza ou falta de habilidade pessoal, mas sim uma resposta ao estresse crônico e às condições adversas do ambiente de trabalho. Portanto, é de essencial importância a conscientização e promoção de um ambiente de trabalho saudável, que valorize o bem-estar dos profissionais, ofereça suporte emocional e recursos adequados para lidar com o estresse fora da curva de desempenho ótimo. Somente assim poderemos enfrentar esse estado desafiador e garantir que os profissionais possam desenvolver seu potencial e alcançar um equilíbrio saudável entre trabalho e vida pessoal.

Compreendendo o Fenômeno *Burnout* aos Olhos da Neurociência

Compreender o fenômeno do *burnout* sob a perspectiva da neurociência nos permite mergulhar em um universo fascinante de conexões complexas e reações químicas que ocorrem em nossos cérebros quando estamos submetidos a estresse crônico. O *burnout* não é apenas uma sensação de exaustão emocional, mas sim um estado que afeta diretamente nossa biologia e fisiologia.

Conforme discutido no primeiro capítulo deste livro, o estresse crônico, que é o precursor do *burnout*, tem um impacto direto e mensurável no cérebro e em seu funcionamento. Quando estamos sob estresse, nosso corpo responde ativando uma cascata de eventos neuroquímicos. Hormônios como cortisol e adrenalina são liberados, preparando-nos para a resposta de "luta ou fuga". Essa resposta é adaptativa e essencial em situações de estresse agudo e de curto prazo. No entanto, quando o estresse se torna crônico, nosso organismo continua a produzir esses hormônios em níveis elevados, o que pode resultar em uma série de problemas.

O estresse crônico tem um efeito profundo na estrutura cerebral, e uma das áreas mais afetadas é o hipocampo. O hipocampo desempenha um papel crucial na formação e consolidação da memória, bem como no aprendizado. Estudos que utilizaram técnicas avançadas de imagem cerebral, como a ressonância magnética, revelaram que pessoas que sofrem de níveis elevados de estresse crônico ou foram diagnosticadas com *burnout* apresentam hipocampos significativamente menores em comparação com indivíduos saudáveis.

Essa redução do volume hipocampal pode ter implicações significativas para o funcionamento cognitivo e emocional do indivíduo. Sabemos que a diminuição no tamanho do hipocampo está associada a problemas de memória, dificuldades em aprender coisas novas e até mesmo alterações no processamento emocional. A capacidade do hipocampo de formar novas memórias e integrar informações é comprometida, o que pode levar a lapsos de memória e dificuldades de concentração, causando mais que constrangimentos, mas também significativos impactos negativos no desempenho profissional.

Além disso, o estresse crônico também afeta a neurogênese, que é o processo de formação de novos neurônios no cérebro. O hipocampo é uma das regiões onde ocorrem a neurogênese adulta, e estudos têm demonstrado uma diminuição significativa na produção de novos neurônios em indivíduos com estresse crônico ou *burnout*. Essa redução da neurogênese pode contribuir para a dificuldade em formar novas memórias e a rigidez cognitiva observadas em pessoas com essa condição.

Outra área cerebral afetada pelo estresse crônico e pelo *burnout* é a amígdala, uma estrutura que desempenha um papel fundamental em nossas respostas emocionais, incluindo o medo e a ansiedade. Sob condições de estresse crônico, a amígdala pode se tornar hiperativa, levando a um estado constante de ansiedade ou medo. Esse estado de hipersensibilidade emocional pode desencadear a liberação contínua de hormônios do estresse, criando um ciclo vicioso de estresse e ansiedade.

Também o *burnout* tem um impacto significativo no sistema de recompensa do cérebro, que é mediado pela dopamina. A dopamina é um neurotransmissor crucial para a sensação de prazer, motivação e recompensa. Em situações de estresse crônico, a produção e a resposta à dopamina podem ser prejudicadas, levando a uma diminuição do prazer (anedonia) e uma falta de motivação para realizar atividades que antes eram prazerosas.

No entanto, é importante ressaltar que a neurociência também oferece esperança para aqueles que sofrem deste fenômeno. Estudos têm mostrado que o cérebro possui uma notável capacidade de se adaptar e se recuperar dos efeitos do estresse crônico. Diversos estudos sobre práticas de meditação, de *mindfulness*, atividade física regular e um sono adequado têm sido associadas à redução dos níveis de cortisol, ao aumento da neurogênese e à promoção da recuperação cerebral.

Além disso, a psicoterapia, em particular a terapia cognitivo-comportamental, tem se mostrado eficaz no tratamento do indivíduo acometido pelo *burnout*. Através da psicoterapia, os indivíduos podem aprender novas estratégias de enfrentamento, desenvolver habilidades de resiliência, modificar padrões de pensamento negativos e encontrar um novo equilíbrio entre trabalho e vida pessoal.

Em resumo, a compreensão do *burnout* sob a perspectiva da neurociência revela um quadro complexo em que fatores biológicos, neuroquímicos e emocionais estão interligados. O estresse crônico afeta profundamente a estrutura e o funcionamento do cérebro, contribuindo para os sintomas e a deterioração observados no *burnout*. No entanto, as descobertas científicas também apontam para a plasticidade cerebral e a capacidade de recuperação do cérebro. Isso significa que, embora o *burnout* seja uma condição séria, é possível restaurá-la através de intervenções e estratégias adequadas. E, ao identificar e abordar os fatores que contribuem para o desenvolvimento dessa síndrome, é possível criar um ambiente de trabalho mais saudável e produtivo, e ajudar os profissionais a se prevenirem e se recuperarem.

O Papel da Resiliência e Renovação como Elementos de Recuperação do *Burnout*

A resiliência e a renovação são conceitos fundamentais para entendermos como prevenir e recuperar-se do *burnout*. Ambas são habilidades que podem ser desenvolvidas e fortalecidas, e entender como fazer isso pode ser uma ferramenta poderosa no combate dessa síndrome.

Vamos começar a nos aprofundar na habilidade essencial do mundo contemporâneo: a resiliência. Pense na resiliência como uma árvore robusta que, mesmo diante das tempestades mais violentas, não apenas permanece firme, mas usa as adversidades para fortalecer suas raízes e crescer ainda mais forte.

No nosso agitado ambiente de trabalho, a resiliência se traduz na capacidade de driblar os prazos apertados, surfar nas ondas de mudanças organizacionais e dançar com a constante pressão do trabalho diário. Ser resiliente transcende a mera capacidade de 'aguentar o tranco' diante dos desafios. É mais do que simplesmente suportar adversidades ou como a árvore aos temporais; é sobre transformá-las em trampolins para o crescimento pessoal. A resiliência nos convida a não apenas enfrentar o estresse, mas a abraçá-lo como uma oportunidade para evoluir, para amadurecer e para emergir ainda mais fortalecidos.

Então, como desenvolvemos a habilidade de ser resilientes? Diversas estratégias têm sido propostas para cultivar e robustecer essa aptidão psicológica, mas uma das mais fundamentais é a adoção de uma "mentalidade de crescimento". Esse conceito, respaldado por pesquisas em neurociência e psicologia, sugere que deveríamos encarar adversidades não como obstáculos intransigentes, mas como oportunidades preciosas para aprendizado e desenvolvimento pessoal. Imagine cada desafio como um exercício neural: uma oportunidade para reforçar as sinapses do cérebro e assim otimizar nosso potencial para enfrentar desafios futuros com maior otimismo e criatividade.

Outro componente crucial para ampliar nossa resiliência é cultivar uma atenção consciente e constante ao nosso bem-estar físico e mental. Imagine que o indivíduo é comparável a um veículo automotivo: se não o abastecermos adequadamente, se negligenciarmos a manutenção rotineira e ignorarmos o desgaste natural de suas peças, inevitavelmente sua funcionalidade será comprometida, não é mesmo? O paralelo com nosso corpo e mente é evidente. Devemos assegurar-nos de que estamos consumindo alimentos saudáveis, movimentando nosso corpo de maneira regular, proporcionando descanso suficiente e utilizando técnicas que promovam relaxamento, como meditação ou *mindfulness*, para manter nosso "motor" em pleno funcionamento. A Organização Mundial da Saúde tem reforçado a importância da alimentação equilibrada e do exercício físico regular para a saúde física e mental (World Health Organization, 2020).

Ademais, é fundamental abordar um elemento por vezes negligenciado, mas que é fundamental para a resiliência: o suporte social. A existência de uma rede de pessoas de confiança — seja no ambiente de trabalho, no lar ou no nosso círculo social — nos confere uma sensação de segurança e pertencimento, atuando como um salva-vidas em meio aos mares agitados do estresse (Holt-Lunstad, Robles & Sbarra, 2017).

Também no campo interdisciplinar da neurociência e psicologia, é cada vez mais evidente que a interação social não é apenas um luxo, mas uma necessidade fundamental para o bem-estar humano. Contrariando a noção de que devemos enfrentar adversidades de forma isolada, essas ciências revelam que o compartilhamento de preocupações, a busca por orientação e a aprendizagem a partir das experiências dos outros têm impactos mensuráveis e benéficos sobre nossa capacidade de resiliência. Esses processos colaborativos funcionam como um mecanismo de apoio que nos capacita a enfrentar os intrincados desafios impostos pelo curso da existência humana.

Dentro dessa dinâmica, é condição *sine qua non* abordar o papel da liderança como fonte de suporte social. Líderes eficazes não apenas exemplificam resiliência através de suas próprias condutas, mas também mobilizam um conjunto de recursos psicossociais e cognitivos para capacitar seus colaboradores a desenvolverem essa qualidade indispensável. Isso se traduz em práticas tangíveis como o fornecimento de feedback construtivo, a criação de um ambiente que favorece oportunidades para o desenvolvimento pessoal e profissional e a oferta de suporte emocional durante as fases de transição ou turbulência (Kuntz, Näswall & Malinen, 2016).

A construção da resiliência é uma jornada contínua que exige dedicação, comprometimento e uma capacidade profunda de enfrentar as adversidades com coragem. A resiliência não surge da noite para o dia; é fruto de um esforço consciente para desenvolver tolerância à incerteza e cultivar um espírito perseverante. Este processo de fortalecimento interno possibilita aprimorar nossa competência emocional e cognitiva.

Agora, imagine por um momento a seguinte cena: você se encontra no final de uma trilha montanhosa, que se estendeu por vales e montes, desafiando seu vigor a cada passo. Seu corpo está imerso em um estado de profunda exaustão, suas pernas doem com o cansaço acumulado e suas energias parecem ter se esgotado. Em momentos como esse, qual seria seu anseio mais profundo? Certamente, você deseja uma recuperação integral. Anseia por um banho refrescante que lave a poeira do caminho, uma refeição nutritiva que sacie a fome que ruge no estômago, um sono profundo que embale seus sonhos e, quem sabe, um dia inteiro de puro descanso.

Da mesma forma, após atravessarmos temporadas desgastantes em nossas vidas profissionais, marcadas por intensos estresses e demandas exorbitantes, o clamor de nossa alma é por uma renovação. E entendemos que a tal renovação é multifacetada, englobando desde aspectos simples até processos mais introspectivos.

A renovação pode se manifestar através de pequenos gestos, seja escolhendo momentos de pausa no meio da agitação do dia a dia, seja se desligando temporariamente das incessantes demandas de trabalho e se perdendo nas páginas de um livro, seja experimentando a alegria da pintura, saboreando a arte da culinária ou simplesmente permitindo-se momentos de puro ócio. Esses interlúdios agem como bálsamos, permitindo que corpo e mente desacelerem, relaxem e, mais importante, se recarreguem. Eles funcionam como um botão de "reiniciar", preparando-nos para enfrentar desafios subsequentes com vigor renovado e clareza mental.

Por outro lado, a renovação também pode exigir um mergulho mais profundo em nosso íntimo. Nem sempre o cansaço é meramente físico. Ocasionalmente, um sentimento persistente de *burnout* pode ser o toque de despertar de que algo está desalinhado em nosso percurso. Talvez estejamos sobrecarregando-nos além da conta ou, ainda mais crucial, talvez estejamos investindo nosso tempo e energia em empreitadas que não ressoam com nossos valores intrínsecos e aspirações. Em tais cenários, a verdadeira renovação exige uma reavaliação e recalibração de nossos objetivos e prioridades. É comparável ao ato de reorganizar nossa mochila antes de uma trilha: descartando o que é supérfluo e dando destaque ao que é fundamental, assegurando que nossos recursos sejam utilizados da forma mais otimizada possível.

Em suma, a renovação é uma jornada tanto externa quanto interna, vital para nosso bem-estar e crescimento contínuo. Seja através de pausas regenerativas ou introspecções mais profundas, é uma arte que todos nós deveríamos aprender a dominar.

Por último, mas não menos importante, a renovação pode implicar na busca por assistência profissional. Se estamos enfrentando o *burnout,* é extremamente benéfico procurar o suporte de um profissional de saúde mental, como um psicólogo ou psiquiatra, senão ambos. Esses profissionais são como guias de montanha: eles possuem o conhecimento e as ferramentas necessárias para nos auxiliar a percorrer as rotas mais difíceis, a lidar com o estresse e a prevenir o *burnout* (American Psychological Association, 2019).

Em resumo, o processo de renovação é fundamental para o nosso bem-estar e desenvolvimento contínuo. Ele pode ser alcançado tanto através de pausas curtas para reenergizar, quanto através de uma reflexão mais profunda sobre nossos objetivos e prioridades. A renovação não é apenas desejável; é essencial.

Além disso, reiteramos que é importante lembrar que buscar ajuda profissional é uma opção necessária. Se você se encontrar esgotado ou no limite, tenha em mente que a renovação íntima de padrões de pensamentos e comportamento é a chave para a recuperação e para reerguer-se com mais força e clareza. Independentemente do quão desgastados possamos estar, temos sempre a capacidade de nos regenerar.

O esgotamento pode ser debilitante, tornando-nos exaustos e até mesmo incapacitados. No entanto, é crucial lembrar que enfrentar desafios é parte da jornada de crescimento. A superação desses obstáculos não apenas nos fortalece, mas também nos equipa com o conhecimento e a experiência para enfrentar dificuldades futuras.

A resiliência nos ajuda a enfrentar adversidades e a nos recuperar delas. É um mecanismo adaptativo que nos permite aprender com desafios e crescer a partir deles, tornando-nos mais robustos e bem equipados para lidar com futuros contratempos.

Combinadas, a resiliência e a renovação nos fornecem as ferramentas para prevenir e nos recuperar do esgotamento, permitindo-nos enfrentar os desafios da vida com vigor renovado e maior fortaleza.

A Liderança como Agente Preventivo e Regenerativo de Casos de *Burnout*

A prevenção e recuperação do *burnout* não podem ser dissociadas do papel crucial que os líderes desempenham dentro das organizações. Estes possuem a capacidade singular de moldar um ambiente de trabalho, tornando-o saudável, acolhedor e, consequentemente, resistente ao esgotamento profissional.

A empatia e o apoio genuíno são dois dos pilares mais críticos nesta missão. Quando um líder demonstra um interesse real pelo bem-estar de sua equipe, ele constrói um cenário em que as preocupações são compartilhadas e a ajuda é procurada sem receios. Isto foi corroborado por Avanzi e colegas, que, há quase uma década, já observavam como ambientes psicologicamente seguros, liderados por gestores empáticos e compreensivos, resultaram em índices significativamente mais baixos de *burnout*.

Em uma esfera tão interconectada como a do ambiente de trabalho, a comunicação emerge como um fator essencial. Por essa razão, os líderes devem cultivar uma cultura de feedback aberto, receptivo e bidirecional. Quando os profissionais se percebem como agentes ouvidos e valorizados, há uma quebra nas barreiras do isolamento e do sentimento de desamparo – potentes catalisadores para o *burnout*.

A gestão de tarefas também é vital. Delegar responsabilidades de forma equilibrada, considerando o bem-estar do profissional, garante que não se sinta asfixiado pela pressão e sobrecarga. A harmonia entre vida profissional e pessoal deve ser mais do que um ideal, mas uma prática promovida ativamente pelos líderes.

No entanto, além da prevenção, a liderança precisa fomentar o desenvolvimento integral dos colaboradores. Através de oportunidades de crescimento e aprendizado, é sabido que a satisfação e competência dos membros da equipe são elevadas, resultando em um ambiente mais resiliente ao estresse.

Mas, e quando o *burnout* já se manifestou? Aqui, a liderança assume um papel de apoio regenerativo. Sua empatia, flexibilidade e disposição para fazer ajustes podem ser decisivos para o caminho de recuperação do colaborador.

Em síntese, a liderança se apresenta como alicerce na construção de um ambiente de trabalho em que o *burnout* não só é prevenido, mas também enfrentado com compreensão e apoio. Ela é o diferencial na criação de um espaço saudável, produtivo e mentalmente fortalecido. A influência do líder é, indiscutivelmente, a pedra angular na estrutura do bem-estar no trabalho.

Referências

AMERICAN PSYCHOLOGICAL ASSOCIATION (2020). Stress and Health. Disponível em: https://www.apa.org/topics/stress-health.

ASSOCIAÇÃO PAULISTA DE MEDICINA DA UNIFESP, Impacto da COVID-19 na saúde mental dos profissionais de saúde, 2020.

BIANCHI, B.; BRISOLA, E.; SCHERER, D. (2020). Prevalence of burnout syndrome among Brazilian workers: A systematic review and meta-analysis. Revista Brasileira de Epidemiologia, 23, e200059. doi: 10.1590/1980-549720200059.

BRETON, Jean-Marie. Brain-Derived Neurotrophic Factor (BDNF) and Stress Regulation. *In:* BRETON, Jean-Marie. Neurotrophic Factors. Methods in Molecular Biology, v. 1727, p. 185–202, 2018.

BUGARD, P.; LIN, L. (2013). Occupational stress and health. *In:* G. Fink (Ed.), Stress: Concepts, cognition, emotion, and behavior (v. 2, pp. 1-8). Academic Press.

CANIVET, C.; BERGLUND, H.; KARASEK, R.; THEORELL, T. (2013). A dynamic approach to job control: A longitudinal study of work characteristics and mental health in the Swedish working population. Work & Stress, 27(3), 231-243.

CARDOSO, J.; RIBEIRO, O.; SALVADOR, C. (2011). Burnout, job satisfaction and health in Portuguese nurses. Psychology, Health & Medicine, 16(6), 685-695.

CONNER, D. R. Managing at the speed of change: How resilient managers succeed and prosper where others fail. New York: Villard Books, 1992.

DUCKWORTH, Angela. Grit: The Power of Passion and Perseverance. New York: Scribner, 2016.

FREUDENBERGER, Herbert J. Staff burn-out. Journal of social issues, v. 30, n. 1, p. 159-165, 1974.

GALLANT, David; DUFRAIMONT, Erica; MESTON, Cindy M. The impact of COVID-19 on mental health and implications for clinical practice. European journal of psychotraumatology, v. 12, n. 1, 2021.

HIBOU, Pesquisa sobre o home office durante a pandemia de COVID-19, 2020.

HOLZ, NICOLE E. *et al.* Chronic Stress and Its Impact on the Brain – Individual Differences and Pathological Consequences. Neuroscience and Biobehavioral Reviews, v. 117, p. 62–79, 2020.

HOLT-LUNSTAD, J.; ROBLES, T. F.; SBARRA, D. A. (2017). Advancing social connection as a public health priority in the United States. American Psychologist, 72(6), 517–530. https://doi.org/10.1037/amp0000103

INDICO, Dados sobre o trabalho remoto durante a pandemia de COVID-19, 2020.

INTERNATIONAL STRESS MANAGEMENT ASSOCIATION - BRASIL (ISMA-BR). (2021). Estresse e qualidade de vida no trabalho. Recuperado de [URL]

JACKSON, T. L.; ROTHMANN, S.; PIENAAR, J. (2023). Exploring the relationship between leadership support for employee well-being and burnout: The mediating role of psychological capital. SA Journal of Industrial Psychology, 49(1), 1-9.

KUNTZ, J. R.; NÄSWALL, K.; MALINEN, S. (2016). Resilient employees in resilient organizations: Flourishing beyond adversity. Industrial and Organizational Psychology, 9(2), 456–462. https://doi.org/10.1017/iop.2016.42

LI, J.; YANG, W.; LIU, P. (2021). The relationship between work flexibility and employee well-being: The mediating role of work-to-family enrichment and burnout. Frontiers in Psychology, 12, 594070.

LIPP, M. E. N. (2010). Stress e burnout. *In*: L. Almeida & S. Caldana (Eds.), Psicologia e saúde ocupacional (pp. 227-243). Casa do Psicólogo.

LUCAS, Emma K. *et al*. A perineuronal net wraps stressed pyramidal neurons. BioRxiv, 2021.

MARTINS, L. C. Trabalho e desgaste mental: o direito de ser dono de si mesmo. São Paulo: Cortez, 2008.

MASLACH, Christina; JACKSON, Susan E. The measurement of experienced burnout. Journal of Organizational Behavior, v. 2, n. 2, p. 99-113, 1981.

MASLACH, Christina; SCHAUFELI, Wilmar B.; LEITER, Michael P. Job burnout. Annual review of psychology, v. 52, n. 1, p. 397-422, 2001.

MEDANHA, D. Impacto do isolamento social na saúde mental dos trabalhadores, 2023.

RAICHLE, M. E. *et al*. A default mode of brain function. Proceedings of the National Academy of Sciences, v. 98, n. 2, p. 676-682, 2001.

RUOTSALAINEN, J. H.; VERBEEK, J. H.; MARINÉ, A.; SERRA, C. (2014). Preventing occupational stress in healthcare workers. Cochrane Database of Systematic Reviews, (11), CD002892.

SASANGOHAR, F. *et al*. Provider Burnout and Fatigue During the COVID-19 Pandemic: Lessons Learned From a High-Volume Intensive Care Unit. Anesth Analg. 2020.

SCHAUFELI, W. B.; DE WITTE, H. (2017). Job demands and resources and their relationship with burnout and engagement: A multi-sample study. Journal of Organizational Behavior, 38(3), 393-417.

SHAUFELI, W. B. *et al*. Burnout: 35 years of research and practice. Career Development International, v. 14, n. 3, p. 204-220, 2009.

SOUTH, WICK. Resilience at Work: How to Succeed No Matter What Life Throws at You. New York: AMACOM, 2005.

TIKKANEN, R. *et al*. Association of Job-Related Stress With Emotional Exhaustion and Depressive Symptoms in Women Police Officers: The Moderating Role of Dopaminergic Genes. European Journal of Pain, v. 24, n. 10, p. 2058–2068, 2020.

TORRES, E. L.; MONROY, R. D. M.; SANTOS, A. N.; SANTOS, T. L. (2022). The impact of the COVID-19 pandemic on the mental health and job satisfaction of Brazilian workers. International Journal of Environmental Research and Public Health, 19(2), 246.

VAZQUEZ, A. C.; PIANEZOLLA, E. R.; HUTZ, C. S. (2018). Burnout and engagement: Personality profiles in nursing professionals. Psico-USF, 23(4), 687-698.

WORLD HEALTH ORGANIZATION. Burn-out an "occupational phenomenon": International Classification of Diseases. 2019. Disponível em: <https://www.who.int/mental_health/evidence/burnSELIGMAN, Martin. Learned Optimism: How to Change Your Mind and Your Life. New York: Knopf, 1990.

Soraia Pena – Psicóloga com Especialização em Gestão de Pessoa: Liderança, Carreira e Coaching pela PUCRS e Neurociência, Comportamento e Desempenho pelo IPOG, Certificação em Gerenciamento do Stress pela ISMABR - Florida State University e Chief Happiness Officer pelo Instituto Feliciência - Woohoo Partners, com outras certificações e formações complementares em áreas correlatas, destacando-se na Psicodinâmica do Trabalho pela USP, Atualização em Transtornos Mentais relacionados ao Trabalho IPQ FMUSP e Saúde Mental nas Organizações pelo Centro de Estudos do Hospital Israelita Albert Einstein. Docente pelo SENAC, COGEAE PUC-SP e convidada pela FGV.

Dr. Ivan Sant'Ana Rabelo – Psicólogo. Doutor em Ciências pela Univers. de São Paulo (USP). Mestre em Psicologia pela Univers. São Francisco (USF). Pós-doutorado em Psicologia do Trabalho pela Univers. Federal de Santa Catarina (UFSC). Diretor de Pesquisa e Inovação na Editora NILAPRESS. Atuação em construção e adaptação de testes psicológicos e escalas. Professor em programas de pós-graduação em Psicologia. Experiência em Recursos Humanos com ênfase em treinamento e desenvolvimento, orientação de carreira e saúde do trabalhador. Pesquisador e membro do Grupo de Estudos Olímpicos – GEO (USP). Autor de testes psicológicos e livros.

CAPÍTULO 5

Promovendo o Entendimento e Diminuindo o Estigma Associado aos Transtornos de Personalidade no Ambiente Organizacional

Milene Gomes Busoli

"Você nunca realmente entende uma pessoa até considerar as coisas do ponto de vista dela... Até entrar dentro de sua pele e andar por aí com ela."
Trecho do livro "O Sol nasce para todos", de Harper Lee

Breve Conceituação de Transtornos de Personalidade

Os transtornos de personalidade são padrões inflexíveis e duradouros de comportamento, cognição e experiência interior que se desviam significativamente das expectativas da cultura do indivíduo. Esses padrões se manifestam de maneira generalizada, levando a dificuldades nos relacionamentos pessoais, no trabalho e em outras áreas de funcionamento. O padrão de comportamento começa na adolescência ou no início da idade adulta e persiste por toda a vida da pessoa.

Interpretamos nossas experiências pelas nossas crenças. Com as experiências ao longo da vida, vamos aprendendo informações que vão contradizer ou apoiar as nossas crenças. Nesse sentido, estamos sempre revisando nossas hipóteses. É diferente para pessoas com transtornos de personalidade. Esses indivíduos têm crenças "fundamentais" rígidas e irracionais sobre o mundo e as pessoas que nele vivem (Cavaiola, p. 25-26).

Crocq (2013) cita as primeiras descrições de transtornos de personalidade pelos diversos autores da história da psiquiatria:

Philippe Pinel (1745-1826) foi o primeiro autor a incluir um transtorno de personalidade na nosologia psiquiátrica. No seu *Traité médico-philosophique sur l'aliénation mentale ou la manie*, Pinel introduziu uma categoria denominada *"manie sans délire"* (mania sem delírio), em que descreveu alguns pacientes do sexo masculino que pareciam normais ao observador leigo, mas que, no entanto, eram propensos a ataques de violência impulsiva, às vezes homicida, em resposta a pequenas frustrações (Crocq, p. 149).

Kraepelin inicialmente listou quatro tipos de personalidades patológicas: (i) o criminoso nato (*der Geborene Verbrecher*); (ii) os indecisos ou de vontade fraca (*die Haltlosen*), que são incapazes de se dedicarem a um trabalho sustentado e de longo prazo; (iii) os mentirosos e vigaristas patológicos (*die krankhaften Ttigner und Schwindler*), cujo distúrbio se deve à imaginação hiper-reativa, à memória infiel, à instabilidade das emoções e da força de vontade; (iv) os querelantes (*die Pseudoquerulanten*), que correspondem à personalidade paranoide de hoje, indivíduos que se ofendiam por questões pequenas. O prefixo "pseudo" pretendia diferenciar essa personalidade do transtorno delirante paranoide (Crocq, p.151).

Em 1915, Kraepelin expandiu a lista de tipos de personalidade para sete: (i) excitáveis, relacionados ao transtorno de personalidade borderline atual; (ii) indecisos; (iii) instintivos ou compulsivos, incluindo bebedores periódicos e hedonistas; (iv) excêntricos; (v) mentirosos e vigaristas patológicos; (vi) inimigos da sociedade; (vii) briguentos. Posteriormente, Kurt Schneider (1887-1967) descreveu personalidades "psicopáticas" (anormais), incluindo: (i) hipertímicos; (ii) depressivos; (iii) inseguros; (iv) fanáticos; (v) aqueles que buscam reconhecimento; (vi) de humor lábil; (vii) explosivos; (viii) emocionalmente embotados; (ix) fracos de vontade; (x) astênicos.

Kurt Schneider descreveu vários conceitos-chave que ainda são válidos. Ele definiu indivíduos "psicopáticos" como aqueles que sofrem, ou fazem o outro ou a sociedade sofrer, por causa de seus traços de personalidade. Personalidades anormais são em grande parte constituições inatas, mas podem evoluir como resultado do desenvolvimento pessoal ou de influências externas.

Ao explorarmos o complexo mundo dos transtornos de personalidade no contexto contemporâneo, nos deparamos com critérios estabelecidos pelo DSM-V (Diagnostic and Statistical Manual of Mental Disorders ou Manual Diagnóstico e Estatístico de Transtornos Mentais). Esta renomada referência segmenta os transtornos de personalidade em três distintos grupos, conhecidos como *clusters*, baseando-se em suas características e similaridades (Nardi, p. 664; Thomas, p. 147-148). Interessantemente, no ambiente organizacional, a presença e manifestação desses *clusters* podem afetar dinâmicas de trabalho e relações interpessoais. Portanto, compreender tais categorizações é essencial para gestores e profissionais da saúde mental que atuam no contexto corporativo.

Cluster A
(comportamento esquisito ou excêntrico):

Transtorno de Personalidade Paranoide: caracterizado por desconfiança e suspeita dos outros, muitas vezes sem justificativa.

Aqui eu faço um alerta, porque é de grande relevância diferenciar a personalidade paranoide do transtorno delirante paranoide. No delirante, a crença paranoide é imune a qualquer questionamento e ocupa toda a vida da pessoa, "invadindo" seu tempo mental quase o tempo todo. No transtorno de personalidade, o indivíduo consegue manter funcionamento social, é "apenas" implicante e desconfiado, vendo maldade em tudo, mas não chega a elaborar situações mirabolantes como o delirante. O indivíduo com Transtorno de Personalidade Paranoide frequentemente percebe que o gestor lhe designa os turnos mais desfavoráveis. Por outro lado, uma pessoa com delírios paranoicos pode acreditar que um carro preto a segue constantemente, independentemente de onde esteja.

Transtorno da Personalidade Esquizoide: envolve distanciamento das relações sociais e expressão emocional limitada.

Em ambientes organizacionais, observa-se que o distanciamento nas relações sociais e a expressão emocional limitada podem afetar a dinâmica e a produtividade das equipes. Essas características são, muitas vezes, associadas a um tipo de personalidade que remete ao autismo de alto desempenho, também conhecido como Síndrome de Asperger ou TEA (Transtorno do Espectro Autista) nível 1 de suporte. Tais denominações referem-se ao mesmo quadro clínico, e atualmente há um debate intenso sobre como diferenciar essas condições de traços de personalidade isolados. Em um cenário corporativo, é fundamental compreender essas nuances para garantir uma gestão de pessoas eficaz, inclusiva e respeitosa, evitando equívocos que podem comprometer a integração e o bem-estar dos profissionais envolvidos.

Transtorno de Personalidade Esquizotípica: condição psicológica caracterizada por padrões acentuados de pensamentos e comportamentos excêntricos, muitas vezes com inclinações místicas ou peculiares. Além disso, indivíduos com esse transtorno podem apresentar desconforto significativo nas interações sociais, o que pode se manifestar como hesitação, ansiedade ou mesmo evitação.

No contexto organizacional, compreender esse transtorno é essencial, pois pode afetar tanto a dinâmica de equipe quanto a performance individual. Profissionais que possam apresentar características esquizotípicas podem enfrentar desafios na comunicação, na colaboração com colegas ou na adaptação a normas e procedimentos convencionais do ambiente de trabalho. Por outro lado, a perspectiva única e a criatividade que muitas vezes acompanham essa condição podem ser um ativo valioso em ambientes que valorizam a inovação e o pensamento fora da caixa.

Transtorno de Personalidade Narcisista: caracterizado por um pronunciado senso de autoimportância, uma incessante busca por admiração e uma notável falta de empatia em relação aos outros. Nas empresas, isso pode se manifestar em líderes ou colaboradores que priorizam incessantemente seus próprios interesses, desejando ser constantemente reconhecidos, enquanto se mostram indiferentes ou insensíveis às necessidades e sentimentos de seus colegas. Esta postura pode levar a decisões unilaterais, conflitos internos e a um ambiente de trabalho menos colaborativo e produtivo.

**Grupo B
(comportamento dramático, emocional ou errático):**

Transtorno de Personalidade Antissocial: caracterizado por um padrão contínuo de desrespeito pelos direitos alheios, negligenciando os sentimentos e as necessidades dos outros. Este comportamento é frequentemente acompanhado de uma notável falta de empatia e remorso. Em empresas, indivíduos com estas características podem representar desafios significativos. Sua tendência a desconsiderar as necessidades e os sentimentos de colegas pode gerar conflitos interpessoais, prejudicar o trabalho em equipe e impactar negativamente o clima organizacional.

Transtorno de Personalidade Borderline: O Transtorno de Personalidade Borderline (TPB) é caracterizado por flutuações marcantes no humor, autoimagem volátil e relações interpessoais instáveis. Estes sintomas, frequentemente, vêm acompanhados de comportamentos impulsivos e, em alguns casos, manifestações agressivas. Nas organizações, indivíduos com TPB podem enfrentar desafios específicos. A instabilidade emocional e as dificuldades nos relacionamentos interpessoais podem influenciar na interação com colegas, gestores e clientes. Além disso, a impulsividade associada ao TPB pode afetar a tomada de decisões e a habilidade de se comprometer com projetos de longo prazo.

Transtorno de Personalidade Histriônica: O Transtorno de Personalidade Histriônica (TPH) caracteriza-se por uma busca exacerbada de atenção, manifestações de reações emocionais intensas e uma contínua necessidade de aprovação e validação. Dentro do contexto organizacional, esses comportamentos podem impactar o equilíbrio e a dinâmica da equipe. Indivíduos com TPH tendem a ter dificuldade em manter relações profissionais estáveis devido a sua constante necessidade de serem o centro das atenções. Além disso, suas reações emocionais exacerbadas podem prejudicar a tomada de decisões objetivas e a eficácia em situações de pressão.

Cluster C
(comportamento ansioso ou medroso):

Transtorno de Personalidade Esquiva: caracterizado por uma sensibilidade exacerbada à avaliação negativa, acompanhada de uma profunda percepção de inadequação. Essas emoções podem levar a pessoa a se afastar socialmente e a evitar estabelecer novos relacionamentos. Profissionais com essa condição podem se sentir excessivamente inseguros quanto ao seu desempenho, evitando situações de exposição, como apresentações ou reuniões. Podem também ter dificuldade em receber feedbacks, mesmo quando construtivos, e hesitar em assumir projetos desafiadores ou novas responsabilidades por medo de julgamento. A evitação de interações sociais pode afetar a colaboração em equipe e a capacidade de construir relações de confiança com colegas e superiores.

Transtorno de Personalidade Dependente: definido por uma necessidade profunda e contínua de ser cuidado, junto com um medo intenso de separação de indivíduos significativos em sua vida. Esse comportamento se traduz em uma postura de submissão e um apego excessivo, o que pode impactar significativamente a dinâmica profissional dentro das organizações. Dentro do contexto organizacional, indivíduos com esse transtorno podem ter dificuldades em tomar decisões independentes, buscar constantemente validação de supervisores e colegas, e sentir-se desconfortáveis ou até mesmo incapazes de assumir papéis de liderança ou responsabilidades que demandem autonomia.

Transtorno da Personalidade Obsessivo-Compulsiva (TPOC): também conhecido como personalidade anancástica, é caracterizado por uma intensa preocupação com ordem, perfeccionismo e um desejo de controle. Essas características, quando presentes no ambiente de trabalho, podem manifestar-se de maneira duplamente ambígua. Por um lado, indivíduos com TPOC podem se destacar por sua meticulosidade, atenção aos detalhes e dedicação a processos e padrões. No entanto, essa mesma rigidez pode se tornar um obstáculo, já que a dinâmica corporativa, muitas vezes, requer adaptabilidade, inovação e abertura para novas ideias.

É importante não confundir o TPOC com o TOC (transtorno obsessivo-compulsivo), em que o indivíduo apresenta obsessões (pensamentos intrusivos e repetitivos negativos de culpa, dúvida, medo, tendência agressiva etc.) associadas ou não a compulsões (comportamentos repetidos para aliviar os pensamentos obsessivos) como verificação, limpeza repetida, contagem etc.

A Teoria dos Cinco Fatores

A prevalência mundial agrupada de qualquer transtorno de personalidade gira em torno de 7,8%. As taxas globais de transtornos de personalidade dos grupos seria (Winsper, p. 69):

A – 3,8% (IC 95% 3,2-4,4%)

B – 2,8% (IC 95% 1,6-3,7%)

C – 5,0% (IC 95% 4,2-5,9%)

É importante observar que ter traços de personalidade ou exibir certos comportamentos por si só não significa necessariamente que uma pessoa tenha um transtorno de personalidade. Para um diagnóstico, os traços devem ser rígidos, duradouros e prejudicar significativamente a capacidade de uma pessoa funcionar em vários aspectos da vida.

Além disso, cada indivíduo pode manifestar certos aspectos do transtorno mais que outros (por ex., uma pessoa borderline pode ter mais impulsividade e menos sensibilidade à rejeição), e ainda ter um grau de gravidade da manifestação que varia de leve, moderado ou grave, de acordo com o nível de *insight* (compreensão e aceitação da sua condição), funcionalidade social (se consegue manter um trabalho, ter autonomia, se sustentar, ter relações sociais) e prejuízos interpessoais (brigas, agressão, problemas com a lei etc.).

O DSM-5 também propõe um modelo alternativo de classificação dita "dimensional" que se aproxima mais do modelo dos cinco grandes fatores de personalidade usado pela psicologia para diagnósticos de personalidade (Trull, p. 143). O modelo dos Cinco Grandes

Fatores da personalidade, também conhecido como *Big Five* ou FFM (*five factor model*), é considerado uma teoria explicativa e preditiva da personalidade humana e de suas relações com o comportamento, e é um dos modelos mais difundidos para descrever a estrutura da personalidade dentro da teoria dos traços (Silva, p. 51-52). O FFM tem um considerável suporte empírico, com estabilidade temporal ao longo da vida e validade transcultural. Os domínios e características do FFM demonstraram ser úteis na previsão de desfechos importantes da vida, tanto positivos quanto negativos, como bem-estar subjetivo, aceitação social, conflito nos relacionamentos, estado civil, sucesso acadêmico, criminalidade, desemprego, saúde física, saúde mental, satisfação no trabalho e mortalidade (Trull, p. 137).

Neste momento, vale a pena um comentário: o modelo do *Big Five* tem sido amplamente adotado por organizações em suas ferramentas de *assessment* para avaliar potenciais colaboradores ou para desenvolvimento interno. Os cinco fatores – abertura para experiências, conscienciosidade, extroversão, amabilidade e estabilidade emocional – que abaixo descreverei com melhores detalhes, fornecem uma estrutura robusta para entender diferentes traços de personalidade de maneira sistemática e comparativa.

No entanto, enquanto o *Big Five* é útil para identificar padrões gerais de comportamento e tendências de personalidade, ele não foi projetado especificamente para diagnosticar transtornos de personalidade. Portanto, embora desvios extremos em qualquer dimensão possam indicar possíveis preocupações e necessidade de avaliação mais profunda, a utilização destes *assessments* como ferramenta diagnóstica direta para transtornos de personalidade seria inadequada e potencialmente imprecisa. Dito isso, reitero que as organizações devem proceder com cautela e responsabilidade ao interpretar resultados, assegurando-se de que as conclusões sejam fundamentadas e utilizadas de forma ética no contexto corporativo.

Sobre as dimensões do Big Five, são elas:

1. Extroversão versus Introversão – Pessoas extrovertidas ficam energizadas na companhia dos outros, gostam de ser o centro das atenções, são expressivas, gostam de conhecer pessoas novas (Darby, 2023).

2. Agradabilidade versus Antagonismo – Pessoas agradáveis têm comportamentos pró-sociais frequentes, como ajudar, compartilhar, confortar e cooperar. O antagonismo se manifesta como comportamento socialmente desagradáveis, como manipulação e grosseria, falta de cuidado ou falta de interesse pelos outros (Darby, 2023).

3. Conscienciosidade versus Falta de confiabilidade – O terceiro domínio, conscienciosidade (ou restrição), diz respeito ao controle e regulação do comportamento, contrastando ser disciplinado, compulsivo, zeloso, consciencioso, deliberado, *workaholic* e orientado para a realização, versus ser despreocupado, irresponsável, negligente, impulsivo, espontâneo, desinibido, negligente e hedonista (Trull, p. 137).

4. Neuroticismo versus Estabilidade emocional
– O conceito de neuroticismo, conforme definido por Darby em 2023, abrange uma gama de sentimentos e reações emocionais que muitas vezes são percebidos como negativos ou instáveis. Vamos decompor cada um desses sentimentos e reações para entender melhor o conceito:

Indivíduos com alto neuroticismo frequentemente enfrentam ansiedade, percebendo situações não perigosas como ameaçadoras. Eles também experimentam sentimentos generalizados de tristeza ou desesperança (não confundir com depressão clínica), tendendo a sentir-se deprimidos. São propensos à irritabilidade, reagindo impacientemente a contratempos, e exibem volatilidade emocional, alternando rapidamente entre diferentes estados de humor. Também têm tendência a sentir raiva intensa ou ressentimento em situações menores e podem perceber-se como vulneráveis a danos, críticas ou rejeições, sendo sensíveis a feedbacks negativos e percebendo riscos onde outros veem segurança.

Em suma, o neuroticismo, como descrito por Darby em 2023, refere-se a uma tendência geral em experimentar emoções negativas ou instáveis. Indivíduos com altos níveis de neuroticismo podem encontrar desafios em lidar com estresses diários e podem perceber o mundo como mais ameaçador ou desafiador do que realmente é.

5. Abertura versus Fechamento para experiência
– O quinto domínio reflete o interesse de uma cultura ou sociedade pela criatividade, intelecto e imaginação,

contrastando ser de mente aberta, incomum, estranho, criativo, peculiar e não convencional versus ter a mente fechada, ser convencional e rígido (Trull, p. 137).

Conforme Nardi (p. 667), o DSM-V categoriza cinco domínios: 1) Afetividade Negativa versus Estabilidade Emocional, em que afetividade negativa envolve frequentes e intensas emoções negativas; 2) Distanciamento versus Extroversão, com o distanciamento caracterizado por evitação interpessoal e limitada capacidade afetiva e de prazer; 3) Antagonismo versus Afabilidade, sendo o antagonismo marcado por autoimportância, antipatia e insensibilidade; 4) Desinibição versus Meticulosidade, com a desinibição refletindo busca por gratificação imediata, impulsividade e dificuldade de aprendizado pelas consequências; 5) Psicoticismo versus Lucidez, em que o psicoticismo indica tendência a comportamentos e cognições excêntricas e incomuns.

Características do transtorno de personalidade antissocial como, por exemplo, engano, exploração, manipulação e agressão seriam facetas do antagonismo; irresponsabilidade, negligência e imprudência seriam facetas de baixa conscienciosidade; busca de excitação e assertividade seriam facetas da extroversão. O retraimento social nos transtornos de personalidade esquiva e esquizoide seria uma faceta da introversão, a ansiedade e preocupação com opinião dos outros do esquivo seriam facetas do neuroticismo. E os traços dependentes seriam variantes extremas da agradabilidade, os traços obsessivo-compulsivos seriam variantes extremas da conscienciosidade e as excentricidades cognitivo-perceptuais esquizotípicas seriam variantes extremas de abertura. A sociabilidade do extrovertido pode se transformar em busca de atenção e charme superficial narcisista, a assertividade normal pode se transformar em agressividade e autoritarismo, e a busca normal de excitação pode se transformar em imprudência. Da mesma forma, a tendência em confiar nos outros pode se tornar credulidade, o altruísmo pode se tornar abnegação, o respeito a regras se transforma em subserviência e a modéstia transforma-se em anulação (Trull, p. 137-140).

Indivíduos com Transtorno de Personalidade (TP) no Ambiente de Trabalho

Uma das formas mais fáceis de diferenciar entre traços de personalidade e transtornos de personalidade é avaliando a flexibilidade do indivíduo. Há muitas pessoas difíceis no trabalho, mas poucas com comportamentos inflexíveis, repetitivos e desadaptativos diante do estresse, como as pessoas com transtorno de personalidade. Além disso, a intensidade e variação das suas emoções demonstram outro aspecto comum dessas pessoas: a dificuldade importante de autocontrole (Race, p. 54).

Outra característica dos TPs é que essas pessoas muitas vezes não reconhecem suas personalidades problemáticas e, na verdade, podem sentir orgulho delas. Por exemplo, alguém com Transtorno de Personalidade Obsessivo-Compulsivo pode se orgulhar de ser perfeccionista e exigente, enquanto alguém com Transtorno de Personalidade Antissocial pode ver sua falta de moralidade como sinal de inteligência. Essas pessoas podem atuar como "cânceres ocultos" no ambiente de trabalho, causando ineficiência, assédio, litígios e estresse. Uma das principais maneiras pelas quais as pessoas com TPs perturbam o ambiente de trabalho é pelo abuso de poder. Isso inclui comentários humilhantes, exclusão de pessoas em decisões relevantes, desqualificação pública e decisões arbitrárias. O abuso de poder não é exclusivo dos chefes, pois colaboradores também podem exercê-lo de forma passivo-agressiva, sendo negativos em relação a mudanças ou agindo de maneira prejudicial pelas costas do gestor, disseminando fofocas e discórdia (Cavaiola, p. 6-9).

São pessoas que dificultam as interações sociais comuns. De alguma forma, as coisas simplesmente não parecem dar certo com essas pessoas: pedidos razoáveis são ignorados, prazos não são cumpridos, simples diferenças de opiniões tornam-se grandes conflitos, um simples passo em falso torna-se um processo judicial. São os que enviam *e-mails* raivosos para várias pessoas, que guardam rancor, que são tão presos a detalhes que enfurecem os outros. São os que foram "injustiçados pela administração" ou que foram suspensos por fazerem o seu quarto comentário desagradável. Eles parecem ser aqueles que tiram mais licenças médicas do que deveriam, são os fofoqueiros, os que espalham boatos, os que mudam de setor repetidas vezes. Eles também podem ser os funcionários mais talentosos e produtivos quando não estão envolvidos em algum tipo de relacionamento interpessoal disfuncional (Cavaiola, p. 21-22).

Transtornos de Personalidade (TPs) com ALTO Potencial Disruptivo no Trabalho

Paranoide

São extremamente hipervigilantes e atentos a detalhes. Eles têm uma habilidade notável para identificar mensagens ambíguas, motivos ocultos e segredos nos comportamentos das pessoas ao seu redor. Os paranoides demonstram uma aversão à autoridade e ao poder, sendo obcecados por manter sua independência e liberdade pessoal. A principal característica deles é a desconfiança em relação aos outros, seja no trabalho ou em casa, suspeitando facilmente que estão sendo explorados, prejudicados ou enganados, mesmo com evidências mínimas (Race, p. 55-57; Cavaiola, p. 172).

A desconfiança dos paranoides se estende a todos, independentemente da importância dos assuntos em questão, e eles relutam em confiar em outras pessoas, com medo de que informações pessoais possam ser usadas contra eles. Eles interpretam significados ocultos ou ameaçadores em comentários e eventos cotidianos e mantêm um rancor persistente, reagindo com raiva a qualquer crítica percebida. Embora as crenças dos paranoides possam levar a interpretações errôneas das ações dos outros, essas crenças não são consideradas delirantes e permanecem dentro dos limites da realidade. Eles tendem a ser mais sensíveis às falhas dos outros do que às suas próprias falhas e veem o mundo como repleto de perigos, desonestidade e decepções, muitas vezes sendo atraídos por teorias da conspiração. Devido à crença de que estão constantemente sendo alvo de má-vontade, os paranoides podem se tornar excessivamente argumentativos, hostis, teimosos e desconfiados. Eles frequentemente projetam a culpa nos outros e sempre esperam ser injustiçados, traídos ou enganados de alguma forma (Race, p. 55-57).

Muitos tiveram pais opressores, o que pode influenciar sua tendência a se tornarem defensores dos oprimidos, idealistas ou delatores de corrupção (Cavaiola, p. 175).

Como colegas de trabalho, esses indivíduos têm uma interação limitada devido ao medo de que suas ideias sejam roubadas ou que outros recebam crédito por seu trabalho. Para lidar com esses colegas, é aconselhável manter intenções claras na comunicação, uma vez que eles não hesitam em iniciar processos judiciais quando se sentem prejudicados. Expressar respeito é importante, desde que seja sincero. É crucial promover a cooperação em vez da competição, evitando brincadeiras, pois não são bem toleradas. Se você se encontrar sendo acusado por eles, é recomendável abordar a situação abertamente, compartilhando seus sentimentos, sem entrar em críticas ou debates, pois eles tendem a contra-argumentar todas as objeções (Cavaiola, p. 177-178; Race, p. 55-57).

Como gestores caracterizam-se por sua suspeita em relação a vazamentos de informações, hipervigilância em relação aos subordinados e competidores, além de um constante monitoramento das atividades da equipe em busca de sinais de deslealdade ou traição.

Eles interpretam a motivação e ambição dos subordinados como um desejo de assumir seus cargos, mas, se confiarem na lealdade de um subordinado, são capazes de elogiar ou recompensar. Esses administradores valorizam a comunicação aberta e consideram que mais informação é sempre melhor que menos, valorizando relatórios verbais ou escritos e a partilha de informações. São conhecidos por sua centralização nas tarefas mais difíceis ou importantes e demonstram pouca empatia, mas muita desconfiança em relação aos outros, tornando necessário justificar cuidadosamente qualquer pedido, como folgas ou saída antes do fim do expediente (Cavaiola, p. 175-177).

Embora muitas dessas características os tornam excelentes gestores devido à sua atenção aos detalhes e vigilância, podem enfrentar desafios ao lidar com a autoridade e divergências de opinião. Além disso, uma vez que decidem que não podem confiar em alguém, o relacionamento com essa pessoa termina abruptamente (Race, p. 55-57).

Com subordinados paranoides, pela tendência a interpretar erroneamente as intenções dos outros, eles tendem a ficar facilmente ofendidos com comentários inocentes ou com críticas construtivas. Ficam na defensiva, ameaçam denúncias ao sindicato ou ações judiciais. Eles demonstram um egocentrismo narcisista quando acreditam que os outros se esforçam para prejudicá-los. Infelizmente, essas pessoas se mostram tão desagradáveis que muitas vezes acabam realmente vítimas de ostracismo ou má-vontade.

Como chefe, mantenha a interação cordial mas impessoal, bem informada e direta. Seja específico, procure compartilhar as justificativas, oriente a equipe a não fazer piadas no ambiente de trabalho. Assim como com o borderline, a sensação que se tem com essas pessoas é de sempre estar "pisando em ovos" (Cavaiola, p. 178-180).

Borderline

Se tem uma expressão que caracteriza perfeitamente a relação com uma pessoa borderline, é "montanha-russa emocional". A pessoa borderline é incapaz de manter uma relação estável e tranquila, e em geral fazem da vida dos outros um verdadeiro inferno.

Inicialmente, são cativantes e sedutoras, assim como o narcisista. Mas depois se mostram explosivas, agem de forma abusiva quando se sentem lesadas, têm um medo irracional de abandono, são impulsivas (ameaças, tentativas de suicídio, autolesão) e têm uma visão instável de si e dos outros (ora idealizando, ora desvalorizando). Mudam rapidamente e intensamente de humor, e muitas vezes têm uma interpretação paranoide das situações. A identidade pessoal é problemática, elas não sabem o que querem ou do que gostam, quais os valores que direcionam suas decisões, sendo levadas pelas paixões do momento. Essa falta de identidade contribui para o medo irracional de ficarem sozinhas e também para as experiências impulsivas com drogas, comida, álcool, compras excessivas, sexo casual, trocas de emprego etc. Do mesmo jeito que o paranoide se sente facilmente ofendido, a borderline se sente facilmente rejeitada. Situações negativas são imediatamente interpretadas como sinais de futuro abandono ou rejeição e término da relação (Cavaiola, p. 78-84).

Elas parecem sempre estar envolvidas intensamente, experimentam um apego passional, nada é trivial ou leve. Elas demonstram o que sentem, são desinibidas e engajadas, sempre muito autênticas. Têm muita energia, são muito criativas e conseguem motivar os outros. São curiosas e têm mente aberta para ideias, culturas e experiências (Race, p. 66-67).

Essas pessoas são imprevisíveis em seu humor e têm poucos limites, o que pode ser desafiador para seus subordinados. A recomendação é manter um distanciamento emocional e não se envolver em relacionamentos pessoais com eles. Evitar pedir ou fazer favores pessoais também é aconselhado. Se a relação se tornar tóxica, o melhor é documentar as interações e, se possível, considerar a possibilidade de mudar de setor. Como colegas de trabalho, é comum que busquem envolver os outros em relacionamentos pessoais e solicitem tratamento especial ou favores. O melhor a fazer é adotar uma atitude de compaixão mas com limites claros, reconhecendo que por trás desses comportamentos em geral existe um histórico de trauma. O subordinado borderline pode começar bem, mas ao longo do tempo cria conflitos e problemas. A recomendação é evitar a contratação de pessoas com histórico de trocas frequentes de empregos e processos judiciais, além de observar sensibilidade excessiva e defensividade. Se necessário, orientar o subordinado a buscar ajuda da gestão assim que surgirem conflitos e incentivar sempre uma postura profissional e cortês com os colegas. Se a demissão se tornar inevitável, deve ser realizada de forma objetiva e impessoal, com documentação adequada para possíveis litígios (Cavaiola, p. 85-93).

Antissocial

Os termos "psicopata", "sociopata" e "antissocial" são frequentemente usados de forma intercambiável. O importante é não confundir o antissocial com a fobia social ou com a personalidade evitativa ou esquizoide. O antissocial não é a pessoa que não gosta de estar perto dos outros ou que tem inaptidão social, pelo contrário, pessoas com personalidade antissocial são, em geral, gregárias, carismáticas, charmosas, hábeis comunicadores. Infelizmente outras características incluem a trapaça e manipulação, ausência de culpa ou vergonha, mentir compulsivo, egoísmo, desrespeito à autoridade, descaso com regras ou com o direito dos outros (Cavaiola, p. 63-64).

Como em todos os transtornos de personalidade, existe uma variação na intensidade e frequência das características e, por isso, nem todo antissocial se torna um criminoso. Muitos estão em posições de liderança de grandes corporações, no Congresso Nacional ou em órgãos públicos locais, são grandes advogados ou líderes religiosos.

Eles priorizam o inconformismo, guiados pelos seus valores pessoais e não pelas normas sociais. Desafios e riscos são bem-vindos, sua sexualidade é caracterizada por impulsividade e uma propensão para experiências diversas, e eles possuem um charme persuasivo que os ajuda a construir conexões. O movimento e a exploração constantes são aspectos fundamentais do seu estilo de vida, muitas vezes evitando os empregos tradicionais para trabalhar como *freelancers*. Eles são generosos com dinheiro e tendem a ter um passado de transgressões na juventude. São corajosos, vivem no presente, não guardam arrependimentos pelo passado ou ansiedade pelo futuro (Race, p. 64).

Como gestor ou colega de trabalho, o antissocial busca explorar e manipular os outros. Ele faz fofoca, dissemina discórdia, mas sempre disfarçando com um charme e uma simpatia que desarma o outro, levando-o a revelar informações pessoais, expor outras pessoas, aceitar fazer coisas que não deveria etc. A vítima muitas vezes se sente confusa inicialmente, inclusive se culpando pela situação ou questionando sua sensatez e sanidade, assim como acontece em relações abusivas ou de assédio moral. Estratégias importantes são estabelecer limites pessoais e falar sobre a situação com alguém confiável, caso seja necessário ter apoio no futuro. Como subordinado, o mais comum é o antissocial tentar falar mal do gestor para o superior dele, pelas costas, claro. Ele vai tentar "avisar" o superior sobre as questões negligenciadas pelo seu chefe, disfarçando com tom de surpresa ou de falsa ingenuidade. Ele pode trazer ideias dos outros como se fossem suas, e depois negar da forma mais confiante e autêntica possível, se confrontado (Cavaiola, p. 69-73).

Uma hipótese de feedback ambiental sugere que indivíduos com transtornos de personalidade podem adotar comportamentos de evitação para evitar feedback negativo. Infelizmente, esta evitação pode reforçar a sua patologia, pois perdem oportunidades de aprender como lidar eficazmente com diversas situações. Por exemplo, indivíduos evitativos podem fugir de situações interpessoais estressantes e nunca perceberem sua capacidade de lidar com novos desafios. Da mesma forma, a suspeita e a relutância dos indivíduos paranoicos em confiar nos outros os impede de descobrir que a maioria das pessoas não está tentando explorá-los ou enganá-los. Indivíduos obsessivo-compulsivos podem não reconhecer os benefícios da flexibilidade devido ao seu comportamento rígido. É provável que décadas de reforço sem feedback contraditório contribuam para a manutenção dos padrões patológicos da personalidade (Thomas, p. 150).

Por fim, o ambiente de trabalho não é apenas um espaço para desempenhar funções e receber compensação financeira; ele pode ser um terreno fértil para o crescimento pessoal e o desenvolvimento da autoestima. Para indivíduos com transtornos de personalidade, a experiência laboral pode ser particularmente transformadora. As interações e conquistas no ambiente profissional têm o potencial de desafiar e reformular crenças negativas arraigadas que essas pessoas possam ter sobre si mesmas. Ao realizar tarefas com sucesso, por exemplo, elas não apenas recebem feedback direto que contradiz perspectivas autodepreciativas, mas também fortalecem seu senso de competência e sua crença na própria capacidade – o que é conhecido como autoeficácia. Além disso, a remuneração não é meramente uma transação financeira. Ela representa algo mais profundo: a autonomia.

Ao ganhar sua própria renda, esses indivíduos podem experimentar um renovado sentido de independência e autovalor, permitindo-lhes tomar decisões e sentir-se mais no controle de suas vidas. Esta autonomia também pode proporcionar um alívio significativo dos sentimentos de depressão e ansiedade que são frequentemente associados aos transtornos de personalidade. Sentir-se útil, capaz e valorizado no local de trabalho pode ser uma bússola direcional que conduz a um caminho de maior equilíbrio emocional e mental.

Portanto, é de suma importância que as organizações reconheçam e valorizem o papel crucial que desempenham na vida de todos os seus profissionais, mas particularmente daqueles com transtornos de personalidade. Ao fazer isso, elas não só promovem um ambiente de trabalho mais inclusivo e compreensivo, mas também fortalecem a resiliência e a capacidade de seus colaboradores, beneficiando tanto o indivíduo quanto a organização como um todo (Thomas, p. 158).

Referências

AMERICAN PSYCHIATRIC ASSOCIATION *et al.* DSM-5: Manual diagnóstico e estatístico de transtornos mentais. Artmed Editora, 2014.

CAVAIOLA, Alan A. Toxic coworkers: How to deal with dysfunctional people on the job. New Harbinger Publications, 2000.

CROCQ, Marc-Antoine. Milestones in the history of personality disorders. Dialogues in clinical neuroscience, 2013 Jun.; 15(2): 147–153.

DARBY, Jason. Quais são os traços de personalidade Big Five?, 2023. Disponível em: https://www.thomas.co/pt-br/resources/type/guias/quais-sao-os-tracos--de-personalidade-big-five#:~:text=Os%20cinco%20tra%C3%A7os%20amplos%20de,abertura%2C%20a%20conscienciosidade%20e%20neuroticismo

NARDI, Antonio Egidio; DA SILVA, Antônio Geraldo; QUEVEDO, João. Tratado de Psiquiatria da Associação Brasileira de Psiquiatria. Artmed Editora, 2021.

RACE, Mary-Clare; FURNHAM, Adrian. Mental Illness at Work: A manager's guide to identifying, managing and preventing psychological problems in the workplace. Palgrave Macmillan, 2014.

SILVA, Izabella Brito; NAKANO, Tatiana de Cássia. Big Five factor model: research analysis. Avaliação Psicológica, v. 10, n. 1, p. 51-62, 2011.

THOMAS, Jay C.; HERSEN, Michel (Ed.). Psychopathology in the workplace: recognition and adaptation. Routledge, 2004.

TRULL, Timothy J.; WIDIGER, Thomas A. Dimensional models of personality: the five-factor model and the DSM-5. Dialogues in clinical neuroscience, 2013 Jun.; 15(2): 135–146.

WINSPER, Catherine *et al.* The prevalence of personality disorders in the community: a global systematic review and meta-analysis. The British Journal of Psychiatry, v. 216, n. 2, p. 69-78, 2020.

Milene Busoli – Médica pela Universidade de Brasília, fez residência em Psiquiatria no Hospital de Base do DF. Possui especialização em Teoria Psicanalítica, Relações Internacionais e atualmente cursa especialização em Terapia Cognitivo-Comportamental e em Análise do Comportamento. Por cinco anos trabalhou no CAPS de Planaltina pela SES-DF e prestou serviços no Hospital São Vicente de Paulo, no presídio da Papuda e no Centro de Internação de Adolescentes. Foi psiquiatra do Tribunal de Justiça do DF por 10 anos e atualmente trabalha como médica psiquiatra na Clínica Singular em Brasília.

CAPÍTULO 6

A Importância de Ambientes Livres de Assédio: Saúde Mental e Produtividade em Jogo

Yara Leal Girasole

Você já sentiu um esgotamento muito intenso, uma carga de estresse tão elevada que teve vontade de jogar tudo para o alto? Geralmente, quando isso ocorre em um contexto de trabalho, a pessoa acometida tem dois caminhos: buscar formas de mudar o quadro em que está por si mesma ou buscar ajuda externa.

Neste cenário apresentado, não é novidade mencionar que a maior parte dos brasileiros passa, pelo menos, 1/3 do dia no trabalho. São 8 horas diárias de convívio com colegas, gestores, prestadores de serviço, clientes... Além desse período no trabalho, tem-se, ainda, o tempo gasto com transporte (casa-trabalho e trabalho-casa) e o mínimo de uma hora para alimentação e descanso. Assim, o que se verifica, no final das contas, para muitos trabalhadores é uma convivência significativamente maior com as pessoas do trabalho do que com os próprios familiares e amigos.

Com a popularização do *home office* no período da pandemia do Covid-19, passamos a ter o "privilégio" de trabalhar de casa e a buscar uma melhor qualidade de vida. Mas esse não foi um objetivo alcançado e experienciado para todos os colaboradores, tampouco para muitas empresas, e esta é a razão da palavra *privilégio* estar entre aspas na oração anterior.

Isso porque, embora haja economia de tempo com o trajeto de ida e volta ao trabalho, o que, em tese, garantiria maior qualidade de vida, o que vemos são pessoas cada vez mais doentes emocionalmente e empresas com culturas frágeis. A menor interação entre times e o contato apenas por meio de tecnologia quebra a conexão – e até mesmo o interesse – entre as pessoas.

Por isso o tema dano moral, assédio moral, doença mental e fragilidade emocional são cada vez mais frequentes em nossas vidas, e é sobre esse ambiente de trabalho saudável que falaremos neste capítulo.

A Responsabilidade da Empresa

Nos termos da legislação brasileira vigente, compete ao empregador promover um ambiente de trabalho saudável, seguro e amistoso para todos os seus colaboradores. Nesse contexto, não se deve considerar apenas de saúde física, com questões relacionadas à prevenção de acidentes de trabalho, por exemplo, mas também de saúde mental, com a garantia de uma cultura organizacional que valorize a comunicação transparente e respeitosa e repudie comportamentos assediantes, preconceituosos e discriminatórios.

Esse tema tem sido levado tão a sério pela Justiça do Trabalho que no ano de 2022 foi promulgada a Lei 14.457, que ficou conhecida como "Lei Emprega + Mulheres", a qual obrigou as empresas que possuem Comissão Interna de Prevenção a Acidente de Trabalho (CIPA) a implementarem treinamentos e canais de denúncia relacionados a comportamentos assediantes, violentos e/ou inapropriados.

Contudo, essa responsabilidade não é levada a sério por muitas empresas, pois ainda existe a percepção de que os efeitos de um ambiente conflituoso só afetam pessoas fracas, com "frescura" ou pouco "jogo de cintura".

Além de equivocada, essa percepção ignora os impactos negativos relacionados à produtividade, comprometimento e rotatividade de colaboradores e clientes. Ainda enfraquece a função social da empresa, desvaloriza o Ser Humano, que merece ser incitado e reconhecido pelo bom trabalho e traz exposição para as empresas em casos de i) ajuizamento de ação trabalhista com pleitos relacionados a dano / assédio moral e ii) fiscalizações por parte do Ministério Público do Trabalho (MPT) e/ou Ministério do Trabalho e Emprego (MTE).

Importante destacar que este tema deve ser encarado com a seriedade e a responsabilidade social devida, pois para as empresas há risco jurídico, financeiro e/ou reputacional, enquanto para os colaboradores o risco se relaciona à integridade física, saúde mental e, em algumas situações, até mesmo risco à própria vida.

O Assédio Moral e o Assédio Sexual

Popularmente, o "assédio moral" ou "violência moral" pode ocorrer em vários ambientes, por exemplo, em casa, no trabalho, na escola ou no clube. Um caso comum nos noticiários no Brasil relaciona-se à aplicabilidade da Lei Maria da Penha, que protege pessoas do gênero feminino[1] de diversas violências (dentre elas, a moral) no âmbito doméstico, familiar e em relações íntimas de afeto. Assim, verifica-se que o contexto em que o assédio ou a violência moral ocorrem importam para a responsabilização do agressor, definindo quais leis serão aplicáveis àquele caso.

No caso de situações de assédio ocorrerem no âmbito do trabalho, as normas aplicáveis são as que regem o Direito do Trabalho e, para a caracterização jurídica do assédio moral, quatro requisitos básicos são exigidos, a saber: i) a ação e/ou omissão do agente, ii) o efetivo dano à vítima, iii) a conduta ilícita do agressor e iv) o comportamento repetitivo / reiterado.

Sem entrar no juridiquês, que além de incompatível com esta obra é enfadonho, diga-se de passagem, é importante destacar que a diferença entre o dano moral e assédio moral está na reiteração da prática.

Enquanto o dano moral pode ser caracterizado por um ato único do agente-agressor, o assédio moral caracteriza-se quando há condutas recorrentes, como repetições de conduta agressiva, uso de palavras ina-

---

[1] Excepcionalmente, a Lei Maria da Penha poderá se aplicar extensivamente a parentes da vítima que sejam do gênero masculino (como filhos) que também estejam correndo risco naquela situação de violência. Não é incomum que estejam, por exemplo, abarcados em medidas protetivas de urgência.

propriadas, comportamentos de exclusão do colaborador, ameaças e atentados contra a dignidade física, psicológica, moral e/ou econômica, além de ameaças sobre a própria manutenção do contrato de trabalho.

O tema é importante – e recorrente – não apenas no Brasil, pois a Organização Internacional do Trabalho ("OIT") já tratou deste assunto por diversas vezes, principalmente na Convenção 190, a qual traz discussões quanto à saúde do trabalhador. Essa Convenção trata da segurança física e da saúde mental dos trabalhadores, no sentido de orientar os países a desenvolverem mecanismos de combate e prevenção à violência e ao assédio no ambiente de trabalho.

Destaca-se, inclusive, que a própria OIT reconhece a existência de grupos mais sujeitos a casos de assédio moral, chegando a definir no artigo 1º da Convenção 190 o termo *"gender-based violence and harassment"*, que em tradução livre para português seria "violência e assédio com base em gênero".

Ao longo da referida Convenção da OIT, há indicações de que mulheres e meninas estão em situação de maior vulnerabilidade a casos de violência e assédio, mas também reconhece que existem outros grupos sujeitos à maior exposição a este grave problema.

Nessa mesma linha de vulnerabilidade, importante também trazer à baila a figura do assédio sexual, que em termos legais é considerado crime, com pena de detenção de 1 a 2 anos.

É importante esclarecer que há uma diferença significativa entre o assédio sexual definido no Código Penal Brasileiro do "popular assédio sexual", que ocorre no ônibus, no metrô, na rua ou em uma festa, por exemplo.

Enquanto a assédio sexual ocorre, obrigatoriamente, no âmbito da relação trabalhista, com ameaça de rescisão ou chantagem para a progressão profissional, por exemplo, o "popular assédio sexual" é desvinculado do ambiente de trabalho, sendo normalmente tipificado na legislação brasileira como importunação sexual ou outro crime, a depender do caso. São exemplos de importunação sexual: tocar a outra pessoa sem autorização ou despir-se ou masturbar-se em local público.

Assim, o típico assédio sexual sempre ocorre no âmbito da relação de trabalho (mas não necessariamente dentro do estabelecimento da empresa), visto que o crime se configura quando um superior hierárquico – ou com posição de ascendência na empresa – constrange, ameaça ou impõe algo a alguém com o intuito de obter vantagem ou favorecimento sexual.

Vale destacar que, diferentemente do assédio moral, em que há exigência de comportamento reiterado por parte do agressor, o assédio sexual pode ser caracterizado em uma única ação.

Ainda vale ressaltar que é possível a responsabilização da empresa por assédio moral e assédio sexual, simultaneamente, sendo um exemplo comum de assédio sexual seguido de assédio moral quando um gestor faz investidas buscando trocas ou favores sexuais contra a vontade da vítima, que o rejeita. O gestor, então, ressentido, começa a boicotar o trabalho desta, sendo agressivo ou até manipulador, visando à demissão daquela pessoa que não consentiu com os seus avanços de cunho sexual.

Assim, frisa-se a importância da atenção dos empregadores ao tema e a vigilância de todos os colaboradores no zelo de um ambiente de trabalho seguro e sadio, livre de assédio, seja ele moral ou sexual.

Para melhor esclarecer o tema, abaixo está uma lista exemplificativa de hipóteses que podem ser consideradas como assédio sexual no ambiente de trabalho:

- Brincadeiras vexatórias e/ou apelidos humilhantes de cunho sexual;
- Indiretas e insinuações de cunho sexual, como convites inapropriados, mesmo que por meios digitais;
- Tratamento de minorias com base em estereótipos, sexualizando ou constrangendo uma pessoa por sua orientação sexual, identidade de gênero, grupo étnico ou outras características pessoais;
- Sugerir ou exigir que mulheres usem trajes como decotes ou roupas curtas com o intuito de buscar vantagens, como exigir que uma vendedora faça isso "para melhorar as vendas" ou "chamar a atenção dos clientes";
- Distinção de tratamento/discriminação motivada por características pessoais (como dar preferência ou tratar uma pessoa de forma diferente por atributos físicos;

- Pegadinhas de caráter sexual, como simulação de atos sexuais como forma de humilhar a pessoa, mesmo que seja decorrente de uma "brincadeira";
- Conversas indesejadas ou exposição de assuntos sexuais indesejados;
- "Passar cantada", excesso de contato físico ou atos de indiscrição em extensões do ambiente de trabalho (como *happy hour*, confraternizações etc.), sem o consentimento da pessoa;
- Exigir favores sexuais em troca de promoção ou como chantagem para não demitir;
- Usar características da pessoa como forma de tirar sarro ou envergonhá-la;
- Fazer contato físico indesejado com teor sexual, mesmo com o intuito meramente de constranger (ex.: encostar em partes íntimas, "beijo roubado", encostar na parede, forçar atos sexuais, dentre outros). A depender de como for feito, pode configurar tentativa ou estupro consumado.

Nesses exemplos vale deixar claro que não estamos impedindo, proibindo ou inibindo relacionamentos amorosos dentro das empresas, até porque não há vedação legal sobre o tema, embora algumas empresas tenham políticas internas para regulamentar essa questão (o que, no entendimento desta escritora, é legal, legítimo e garante transparência nas relações trabalhistas). O amor, em suas diversas manifestações, não é apenas uma fonte inesgotável de alegria e satisfação, mas também um poderoso aliado na promoção da saúde mental. Relações saudáveis e conexões significativas desempenham um papel fundamental em nosso bem-estar emocional. Quando vivenciamos um amor verdadeiro e intenso, somos envolvidos por sentimentos positivos que podem atuar como escudo contra o estresse, a ansiedade e a depressão. A sensação de pertencimento e aceitação que o amor proporciona fortalece nossa autoestima e resiliência, permitindo-nos enfrentar desafios com mais coragem e otimismo. Assim, cultivar e valorizar tais relações não só enriquece nossa experiência humana, mas também contribui para uma mente mais equilibrada e saudável.

Ou seja, não se trata de proibir que relacionamentos sejam iniciados no ambiente de trabalho. O problema se dá pelo fato da utilização indevida do poder conferido pela posição profissional dentro da empresa para se fazer avanços que constranjam ou coloquem um(a) trabalhador(a) em situação de vulnerabilidade/fragilidade no exercício do seu consentimento em razão do medo de represálias.

Superados os exemplos práticos sobre assédio sexual, passamos a uma lista exemplificativa de casos de assédio moral:

- Brincadeiras vexatórias e/ou apelidos humilhantes;
- Brincadeiras ou insinuações de cunho sexual, que, a depender do caso, podem também ser enquadradas como crime de assédio sexual;

- Tratamento de minorias com base em estereótipos (muito comum em casos de homofobia, racismo e sexismo, por exemplo);
- Quadro, lista ou classificação de trabalhadores "ruins" como forma de pressionar a equipe por desempenhos melhores;
- Indiretas e/ou insinuações constrangedoras;
- Imposição de pegadinhas ou prendas aos trabalhadores que não cumpriram a meta;
- Distinção de tratamento/discriminação motivado por características pessoais;
- Práticas abusivas mascaradas de atos lícitos, como ficar trocando o trabalhador de loja, exigir tarefas sabidamente impossíveis de serem feitas naquele prazo, dentre outras, para tentar fazer a pessoa se demitir;
- Propositalmente criar um ambiente hostil visando à demissão do trabalhador para deixar de pagar a integralidade das verbas rescisórias;
- Excluir um trabalhador da convivência e das atividades praticadas pelos demais, limitando a convivência social das pessoas de forma injustificada;
- Perseguir e chamar a atenção de um trabalhador de forma ríspida e desrespeitosa na frente dos outros, provocando constrangimento;
- Usar características da pessoa como forma de tirar sarro ou envergonhá-la;
- Tratar o profissional com desprezo e desrespeito;
- Impor metas inatingíveis;

- Obrigar o trabalhador a passar por exames psiquiátricos por suspeitar que este seja portador de doença mental;
- Gerir a equipe com base no medo e ameaça de demissão;
- Desrespeito ao nome social;
- Tratar trabalhadores de forma diferente sem dar a mesma oportunidade de crescimento e desenvolvimento a todos de forma igualitária;
- Atentar contra a liberdade religiosa de algum trabalhador;
- Exigências estéticas desproporcionais invadindo a esfera privada do trabalhador (ex.: exigindo que a mulher use maquiagem ou até que mulheres negras alisem seu o cabelo, o que pode eventualmente ser enquadrado como racismo);
- Revistas vexatórias na saída do trabalho insinuando que o trabalhador esteja furtando bens sem qualquer prova concreta;
- Tratamento diferente ou criação de barreiras para pessoas que engravidaram ou tiveram filhos recentemente, às vezes pressionando para que peçam demissão; e
- Difundir boatos inverídicos ou constrangedores sobre alguém com o intuito de atingir negativamente a imagem ou moral de um trabalhador.

Todos esses casos podem ser levados à Justiça e são passíveis de indenização, tanto do(s) agressor(es), como da empresa empregadora, que tem por obrigação legal fiscalizar as atividades de todos os empregados e promover um ambiente de trabalho sadio e seguro.

Além disso, é inegável o impacto que o assédio moral e sexual tem sobre a saúde mental dos indivíduos afetados. Experiências traumáticas no local de trabalho podem levar à depressão, ansiedade, estresse pós-traumático, entre outros transtornos psicológicos. Quando uma organização não aborda proativamente esses temas, ela não apenas compromete a integridade de seus colaboradores, mas também limita a capacidade deles de desempenhar no seu melhor potencial. A promoção da saúde mental não é apenas uma questão de bem-estar pessoal, mas também uma estratégia de negócios inteligente. Ambientes de trabalho seguros e inclusivos tendem a reter talentos, melhorar a produtividade e impulsionar a satisfação geral dos trabalhadores, culminando em uma empresa mais saudável e resiliente. Portanto, combater o assédio e promover a saúde mental devem andar de mãos dadas nas estratégias corporativas.

Os Diferentes Tipos de Assédio Moral

Em geral, existem duas formas principais do assédio moral ocorrer: (i) interpessoal e (ii) institucional. O assédio moral interpessoal, como o próprio nome sugere, é aquele que ocorre entre pessoas; já o segundo, assédio moral institucional, costuma ocorrer de forma mais complexa e está ligado à cultura institucional da organização, perpassando pelas suas estruturas e não dependendo apenas da má conduta pontual de um ou alguns colaboradores.

Dentro da categoria de assédio moral interpessoal, encontramos duas situações diferentes:

a) O assédio moral interpessoal horizontal, que ocorre entre pessoas do mesmo nível hierárquico. Seria, por exemplo, o caso de colegas que praticam brincadeiras constrangedoras frequentes com um colaborador com base em sua sexualidade, religião ou peso.

b) O assédio moral interpessoal vertical, que implica em uma diferença de hierarquia entre agressor e vítima. O assédio moral vertical descendente é aquele praticado por uma pessoa em cargo mais alto contra uma pessoa em cargo mais baixo e o ascendente é o contrário.

Um exemplo de assédio moral vertical descendente é aquele cometido por um chefe contra a sua secretária, após ela recusar investidas de cunho sexual e ele, então, passar a ser ríspido, grosseiro e publicamente desrespeitoso. Casos assim possibilitam a configuração de assédio sexual e moral.

O assédio moral vertical ascendente, apesar de menos comum, é aquele que ocorre, por exemplo, quando um trabalhador é promovido a despeito de outros que, por sua vez, começam a boicotar os pedidos daquele que se tornou superior hierárquico.

Além das implicações legais, é fundamental destacar o impacto dessas situações na saúde mental dos trabalhadores. A empresa não só tem o dever legal, mas também a responsabilidade ética de criar um ambiente que favoreça o bem-estar psicológico de sua equipe. Ambientes tóxicos de trabalho contribuem para o surgimento ou agravamento de inúmeros transtornos mentais como relatado nesta obra, o que pode, por sua vez, levar a um declínio na produtividade, aumento do absenteísmo e rotatividade de pessoal. Portanto, investir em ações que promovam a saúde mental não é apenas uma questão de cumprimento da lei, mas também uma estratégia inteligente de gestão de pessoas que beneficia tanto os empregados quanto os empregadores.

Já o assédio moral institucional existe e é um assunto seriíssimo com importantes consequências para todos os envolvidos. Para ilustrar a dimensão que este problema pode tomar, citamos um caso que tomou os noticiários do mundo todo.

Os executivos de uma grande empresa francesa estão sendo criminalmente processados pelo suicídio de, pelo menos, 35 (trinta e cinco) de seus colaboradores.

Trata-se de um caso de assédio moral em que a empresa adotava estratégias para pressionar pessoas a pedirem demissão, economizando com isso, segundo os promotores do caso, com o pagamento das verbas rescisórias.

De acordo com a reportagem, foram encontrados cartas e e-mails em que estas pessoas explicavam que a razão de estarem cometendo suicídio era o grave assédio moral sofrido no ambiente de trabalho, além de outras provas que conectavam a empresa aos suicídios.

No Brasil ainda não existe um caso de grande repercussão como o mencionado acima, mas pode ser um precedente para que a OIT e os órgãos internos brasileiros fiquem vigilantes ao tema, sobretudo em relação à preservação da saúde dos colaboradores.

Consequências do Assédio Moral na Vida dos Profissionais e das Empresas

Para clarear o tema, que é tão subjetivo, abaixo consta uma lista enxuta, com a indicação de algumas consequências do assédio moral na vida dos trabalhadores e das empresas:

- Aumento nos casos de adoecimento mental dos colaboradores, havendo uma relação com aumento de casos de depressão e ansiedade, e, em situações extremas, podendo chegar a idealizações suicidas;
- Faltas e afastamentos por questões médicas, inclusive afastamentos pelo INSS. Algumas pesquisas mostram que transtornos mentais são a terceira maior causa de afastamento do trabalho no Brasil;
- Alta rotatividade dos profissionais, que acabam buscando outras oportunidades de trabalho em ambientes menos nocivos;
- Dificuldade de cooperação e trabalho em grupo em locais onde o incentivo à competitividade é destrutivo;
- Impactos negativos na produtividade e perda de eficiência;

- Má reputação no mercado por ser um local onde estas práticas ocorrem, podendo provocar a perda de talentos e clientes;
- Comprometimento do trabalhador com a empresa é menor quando este não sente que existe um respeito mútuo; e
- Custos com processos judiciais e indenizações.

Um ponto de extrema atenção à sociedade diz respeito ao aumento da Síndrome de *Burnout*, que foi reconhecida como doença ocupacional no Brasil em 01 de janeiro de 2022. A referida Síndrome, que alcançou níveis preocupantes no período de pandemia e também no pós-pandemia, demonstra que o mundo está altamente estressado e cansado, visto que as mulheres são quem sofrem mais.

De acordo com uma pesquisa da consultoria McKinsey & Company com mais de 65 mil pessoas entrevistadas, revelou-se que de 423 empresas nos Estados Unidos e Canadá, 42% das mulheres sofrem com os sintomas da Síndrome de *Burnout*, enquanto entre os homens esta taxa foi de 35%.

Apenas a título de esclarecimento, já que a Síndrome de *Burnout* é tema de outro capítulo deste livro, a palavra *"Burnout"* vem do inglês e significa esgotamento e, ao ser reconhecida como doença ocupacional, traz sérias consequências tanto para os trabalhadores quanto para as empresas.

Como listado acima, o *Burnout* pode atacar tanto a saúde física quanto a saúde psicológica dos trabalhadores. Já para as empresas, os impactos são, em regra:

(i) o reconhecimento de estabilidade no trabalho de 12 meses;

(ii) o afastamento pelo INSS, mas com continuidade no pagamento do FGTS mensal;

(iii)   a possibilidade de reconhecimento de indenização por danos morais e até mesmo materiais (a depender do caso) na Justiça do Trabalho.

Portanto, é fundamental que o empregador auxilie no cuidado da saúde mental dos seus trabalhadores, seja com a promoção de ações positivas quanto à saúde física e mental, bem como com a promoção de um ambiente de trabalho seguro e sadio, proporcionando segurança, maior engajamento e produtividade, com a consequente manutenção de talentos, em uma típica relação simbiótica em que todos os lados ganham.

Enfrentando o Assédio Moral

A melhor forma de lidar com esta questão é a implementação de práticas preventivas; contudo, nem sempre isso ocorre. Caso uma empresa identifique, ou desconfie, de caso(s) de assédio moral, existem mecanismos para minimizar as consequências e enfrentar o problema.

Se existir uma permissividade de condutas impróprias dentro do ambiente profissional, dificilmente será possível coibi-las de forma eficiente. É preciso que os colaboradores, gestores e sócios estejam cientes de que condutas assediantes não serão toleradas, havendo sanções.

É importante contar com formas graduais de disciplinar colaboradores que tenham comportamento inadequado. Isso também permite uma proporcionalidade nas sanções, protegendo a empresa de eventuais processos judiciais por aqueles profissionais que venham a ser demitidos em razão de suas condutas impróprias.

É possível demonstrar (processualmente) que o colaborador vinha sendo advertido e gradualmente punido pelas práticas que não condizem com os valores da empresa. Isso também ajuda a confortar a pessoa lesada, mostrando comprometimento da empresa com o seu bem-estar. É claro que, em casos graves de assédio comprovado, é possível fazer a demissão por justa causa, sem que se faça uma gradação das sanções.

Uma outra forma de abordar o tema e demonstrar preocupação com o assunto é desenvolver manuais internos de boas práticas, além de treinamentos e palestras sobre o tema. Isso permite maior transparência na gestão de recursos humanos, informando os colaboradores do que é esperado deles em determinadas situações.

Ademais, em casos de assédio no ambiente de trabalho, ouvir a vítima e tratá-la com respeito é de extrema importância, porque o descrédito aprofunda a revitimização e pode aumentar os danos e os riscos para a empresa e também para o colaborador.

Neste caso, o ideal é que a empresa esteja preparada para investigar a denúncia e, se constatada conduta inadequada de qualquer pessoa, tomar as medidas jurídicas necessárias, como advertências, suspensão ou até dispensa por justa causa, a depender da gravidade do dano/assédio identificado. Vale destacar, ainda, que tanto a intimidade das pessoas envolvidas quanto o caso denunciado à empresa devem ser tratados com sigilo para não potencializar as consequências.

Assédio moral e sexual são formas de violência que, infelizmente, não costumam ser levadas a sério. O fato de a vítima buscar ajuda já é desafiador por si só e, a depender do lugar, a denúncia pode torná-la ainda mais exposta perante as outras pessoas, piorando, assim, as consequências do assédio. Com base nisso, é importante notar que poucos são os colaboradores que se sujeitam a passar por essa situação sem que algo de fato tenha ocorrido, sendo mais comum que guardem para si qualquer forma de desconforto. Portanto, acreditar e apoiar quem pede ajuda é uma das tarefas iniciais da empresa que quer solucionar casos de assédio de forma responsável.

Uma forma eficaz de abrir espaço para que a vítima descreva o ocorrido e seja dada oportunidade ao contraditório para o(s) acusado(s) é por meio da instauração de **sindicância para apuração dos fatos**. Para garantir a imparcialidade, muitas empresas preferem contratar profissionais externos para realizar esta atividade, apesar de ser possível estruturar uma sindicância interna com os profissionais da área de recursos humanos e/ou outros responsáveis pela gestão da organização.

Além de permitir a coleta de provas (que pode ser útil em caso de judicialização), a Sindicância garante espaço para que todos os lados sejam ouvidos e decisões possam ser tomadas com base nos relatórios produzidos pelos profissionais responsáveis pela sindicância. É nesse momento que a versão da vítima é contraposta à do acusado, permitindo se chegar a uma versão mais próxima da realidade. Aqui também são ouvidas testemunhas, analisadas provas materiais, dentre outras diligências necessárias para a correta, justa e imparcial apuração dos fatos.

Por isso, a instauração de sindicâncias e a existência de mecanismos internos de denúncia sigilosa são formas recomendadas de estruturar mecanismos de combate ao assédio moral e sexual nas organizações. As informações obtidas por meio desses mecanismos devem sempre ser analisadas para que melhorias sejam repensadas, visando a impedir a repetição dos problemas. É uma medida preventiva que deve ser continuamente reciclada e repensada, levando em conta a rotatividade de colaboradores e o aspecto dinâmico da cultura de cada empresa.

Os danos provocados por assédio não conseguem ser desfeitos. Com base nesse raciocínio, a melhor alternativa sempre será a prevenção ao assédio moral e, consequentemente, a prevenção do adoecimento mental, dentre outras consequências nocivas tanto para a empresa como para os seus colaboradores.

Para que seja consultado o clima da organização e identificados focos ou possíveis riscos, existem meios para se analisar as condições de convívio dos colaboradores, como pesquisas, questionários, dinâmicas, dentre outros. Essa coleta de dados permite a criação de um "raio X" da cultura institucional daquela organização. Instrumentos como esses também permitem a identificação de casos de assédio moral institucional.

Aliado a isso e com base nos diagnósticos do clima e cultura organizacional, é possível adotar estratégias direcionadas e personalizadas para cada empresa. Exemplos: adotar manuais de boas práticas, códigos de ética e conduta, treinamentos para gestores e líderes, palestras temáticas, atividades e comitês relacionados à diversidade, dentre outros.

Apesar de úteis, estes documentos não geram efeitos se implementados isoladamente, sem qualquer treinamento ou mecanismo de sensibilização. É com base nisso que os treinamentos sobre comunicação, inteligência emocional e programas de diversidade e inclusão, entre outros temas, devem ocorrer de forma periódica. É muito comum que a intolerância e o assédio sejam advindos da ignorância e desconhecimento sobre o(s) outro(s).

Por isso, criar a oportunidade de as pessoas se conscientizarem de seus preconceitos e hábitos nocivos pode trazer resultados positivos para a organização e para os colaboradores. Há pessoas que não se dão conta dos efeitos que seu comportamento tem nos outros, e espaços de aprendizado coletivo permitem aprimoramento humano e melhora do clima.

O exemplo também é uma ótima forma de aprendizado. Se uma organização possui pessoas em cargos elevados que praticam assédio moral, é muito provável que isso acabe afetando os outros níveis hierárquicos. Um bom exemplo é sempre positivo para que as pessoas se espelhem em boas práticas, sem que pareça que o comportamento inadequado é algo institucionalmente tolerado ou que um comportamento assediante faz parte do perfil de sucesso da organização.

Uma outra forma para se criar incentivos para bom comportamento e tolerância é via métricas de desempenho para crescimento dentro da empresa. É comum que os colaboradores sejam analisados pelo desempenho exclusivo de suas atividades profissionais. Contudo, incluir nessa análise avaliações de comportamento e convívio ajuda a passar a mensagem de que o crescimento profissional também dependerá da capacidade de conviver de forma saudável e respeitosa com os outros.

A empresa demonstrará de fato que é vigilante com assédio moral quando coibir que colaboradores consigam se beneficiar profissionalmente e crescer na empresa às custas de comportamentos inadequados ou sabotadores a outros. Pode ser que, em curto prazo, pareça razoável promover e incentivar uma pessoa tecnicamente boa com comportamento sabidamente assediador, mas em médio e longo prazo esse indivíduo pode prejudicar o rendimento de outros e até causar riscos para a organização, sejam eles jurídicos, financeiros e até mesmo risco reputacional em larga escala. Além disso, é crucial reconhecer o impacto dessas formas de assédio na saúde mental dos indivíduos afetados. Experiências de discriminação e assédio não só diminuem o engajamento e a produtividade no ambiente de trabalho, como também podem levar a sérias consequências para a saúde mental, como ansiedade, depressão e até mesmo transtorno de estresse pós-traumático (TEPT). Essas questões, por sua vez, podem desencadear uma série de outros problemas de saúde, como dores crônicas, distúrbios do sono e problemas cardiovasculares.

Implementar políticas eficazes de diversidade e inclusão não é apenas uma questão de justiça social, mas também uma necessidade para a promoção de um ambiente de trabalho saudável e produtivo. Estabelecer um ambiente que valoriza o bem-estar mental não só beneficia os empregados, mas também tem um impacto positivo na empresa como um todo. Ações como treinamentos de conscientização, linhas de apoio confidenciais e a implementação de uma cultura corporativa inclusiva podem fazer uma diferença significativa.

A Responsabilidade do Agressor e da Empresa

Havendo o assédio moral, a vítima poderá buscar a responsabilização diretamente do agressor na esfera civil, e da empresa na esfera trabalhista, com base no dano moral sofrido que, caso comprovado, enseja no pagamento de indenização. A fundamentação legal destes processos normalmente é com base no artigo 5°, inciso X, da Constituição Federal, artigos 186, 187,

932, inciso III, e 933 do Código Civil e artigos 482 e 483 da CLT.

Contudo, a depender do caso concreto, é possível que, além do assédio moral, o agressor esteja incorrendo em crimes como: assédio sexual, importunação sexual, calúnia, difamação, injúria e por vezes até injúria racial e/ou racismo. Nesses casos, além de processos nas esferas civil e trabalhista, a vítima poderá buscar a responsabilização penal do agressor.

O colaborador que sofreu – ou estiver sofrendo – assédio moral e conseguir comprovar o dano em juízo, também poderá fazer o pedido de rescisão indireta, solicitando as verbas rescisórias, mesmo que ele/ela tenha pedido demissão em razão do assédio.

A empresa que tiver que arcar com custos indenizatórios em razão de assédio moral por parte de um de seus colaboradores também poderá entrar com uma ação de regresso contra o próprio assediador, pedindo, judicialmente, que sejam restituídos os valores gastos pela empresa em razão dos atos de assédio praticados contra um colaborador.

A prevenção e o enfrentamento ao assédio moral são tarefas contínuas dentro de uma organização, especialmente pelo fato de o quadro de colaboradores estar em constante transformação. É normal que conflitos ocorram no decorrer das atividades de uma empresa; contudo, alguns casos podem deixar de ser conflitos pontuais e corriqueiros, conseguindo configurar assédio moral.

Ignorar estes casos pode resultar em responsabilização e indenizações severas à empresa, além de, em casos extremos, colocar a saúde e a vida dos colaboradores em risco. Ademais, casos frequentes de assédio moral podem indicar a existência de assédio moral institucional, modalidade despersonalizada e, por vezes, mais complexa que o assédio moral interpessoal. Casos assim são, em regra, denunciados ao MPT, que poderá investigar, autuar e até imputar à empresa pagamento de indenizações altíssimas se restar configurado dano moral coletivo.

Existem diversos meios de prevenir e coibir práticas assediantes no ambiente de trabalho. Zelar e garantir uma cultura institucional que promova a diversidade e tolerância entre colaboradores não apenas auxiliam na redução de riscos jurídicos, financeiros e reputacionais, como também melhoram o clima, a produtividade e o ambiente de trabalho. Assim, é possível desenvolver um ambiente propício para melhores resultados e ganhos, com colaboradores saudáveis, engajados e alinhados com o propósito da empresa

Referências

BRASIL. Constituição (1988). Constituição da República Federativa do Brasil. Brasília, DF: Senado Federal, 1988. Art. 7º, incisos XXII e XXVIII; Art. 225.
BRASIL. Decreto-Lei nº 2.848, de 7 de dezembro de 1940. Código Penal. Art. 216-A.

BRASIL. Lei n° 11.340, de 7 de agosto de 2006. Cria mecanismos para coibir a violência doméstica e familiar contra a mulher, nos termos do § 8° do art. 226 da Constituição Federal, da Convenção sobre a Eliminação de Todas as Formas de Discriminação contra as Mulheres e da Convenção Interamericana para Prevenir, Punir e Erradicar a Violência contra a Mulher; dispõe sobre a criação dos Juizados de Violência Doméstica e Familiar contra a Mulher; altera o Código de Processo Penal, o Código Penal e a Lei de Execução Penal; e dá outras providências. Diário Oficial da União, Brasília, DF, 8 ago. 2006

ORGANIZAÇÃO INTERNACIONAL DO TRABALHO. Convenção n° 190, de 2019. Disponível em: http://www.ilo.org/dyn/normlex/en/f?p=NORMLEXPUB:12100:0::NO::P12100_ILO_CODE:C190. Acesso em: 22 set. 2013.

REVISTA EXAME. As 10 principais causas de afastamento no trabalho em 2022. Disponível em: https://exame.com/carreira/as-10-principais-causas-de-afastamento--no-trabalho-em-2022/. Acesso em: 22 set. 2023.

Yara Leal Girasole – Advogada pela Universidade Mackenzie com especialização em Direito Trabalhista pela Pontifícia Universidade Católica de SP, Mentora certificada pela Sociedade Brasileira de Inteligência Emocional. Sócia responsável pela área trabalhista no Higasi, Shimada, Veisid & Leal Advogados Associados.

CAPÍTULO 7

Nutrição e Estigma Relacionado ao Peso Corporal: Como este Tema Impacta no Ambiente de Trabalho

Mariana Dimitrov Ulian
Ramiro Fernandez Unsain

"A sociedade cria os obesos e não os tolera."
Fischler, 1995, p. 69

Em todas as sociedades, o corpo está imbuído de significados culturais e, com frequência, reflete e molda identidades em diálogo com a ordem social vigente (Brewis *et al.*, 2011). Assim, vamos iniciar este capítulo discorrendo brevemente sobre como os significados a respeito do corpo foram se construindo historicamente até chegarmos nas representações que moldam a visão sobre ele atualmente.

No começo dos anos 1900, momento no qual eram frequentes os períodos de fome e escassez, segundo as construções socioculturais da época, ter um corpo robusto era considerado um indicador de saúde e uma característica desejável, enquanto um corpo magro representava maiores chances de adoecimento e indicava pobreza (Gracia-Arnaiz, 2010). Nas décadas subsequentes, o cenário anterior de escassez dava lugar, em algumas partes do mundo, a um período de prosperidade e plenitude. Conforme a prosperidade e o consumo de alimentos cresciam, a preocupação acerca do peso corporal da população também aumentava, já que nessa época médicos, pesquisadores e especialistas em saúde pública começaram a se debruçar extensivamente sobre estudos que associavam o corpo gordo[2] a um maior risco para doenças e piores parâmetros de saúde (Lupton, 2013a). Começavam a se estabelecer dispositivos[3] (Foucault, 2008) de controle deste corpo, por exemplo, via recomendações que visavam moderação na alimentação. Outro dispositivo envolveu a construção de um índice que definiria pontos de corte e de normalidade baseado no peso e altura de um sujeito, o índice de massa corporal (IMC, calculado como peso em kg/altura2 em metros) (Stearns, 2002; Gracia-Arnaiz, 2010; Lupton, 2013a). Concomitantemente, as indústrias da moda, da alimentação e de fármacos começaram a promover o corpo magro como o ideal, atribuindo novos significados para este corpo, que passou

---

[2] Embora as ciências médicas utilizem "obesidade" como denominador comum para designar um IMC elevado, ao longo das nossas pesquisas, os participantes pouco se utilizaram desse termo para descreverem o próprio corpo. Diferentemente, eles e elas empregavam a palavra "gordo(a)" para fazer tal descrição. Ainda outras pesquisas no campo do estigma relacionado ao peso corporal levantam que a classificação de "obesidade" parece aumentar este estigma. Assim, vamos usar a palavra "gordo/gorda" neste capítulo como um descritor (e não discriminador) de pessoas que têm um corpo maior (Lupton, 2013a). Quando estivermos fazendo diálogos com outros estudos, faremos uso do termo empregado pelo autor.

[3] Um dispositivo pode ser pensado como uma configuração específica de domínios do saber e de modalidades de exercício do poder, a qual possui uma função estratégica em relação a problemas considerados cruciais em um determinado momento histórico.

a ser socialmente visto como sinal de autocontrole, boa saúde e distinção social. Já o corpo gordo era cada vez mais associado com falta de controle, doenças e menor ascensão social (Vester, 2010; Gracia-Arnaiz, 2010; Brewis *et al.*, 2011). De fato, a modernidade articulou novos paradigmas científicos, novas utopias de progresso, novos sistemas políticos e econômicos e novas tecnologias, assim como novas formas de comunicação, controle, aniquilação e consumo. Nestes cenários, o controle do corpo, especialmente do seu peso (mas não somente este), encontra um espaço privilegiado para deslocar seus movimentos hegemônicos.

Vê-se que, ao longo dos séculos, as práticas e atitudes em relação a diferentes características corporais sofreram mudanças. Assim, o corpo não é uma construção estável, mas um sistema biosimbólico, multivalente e flexível que produz uma diversidade de significados e práticas que ilustram a maneira como forças econômicas, políticas e simbólicas moldam vidas públicas e privadas de maneiras particulares (Bordo, 1993; Kulick e Meneley, 2005). Na maioria das sociedades ocidentais industrializadas, nas quais os corpos são os símbolos dominantes, a magreza é associada à saúde, beleza, inteligência, juventude, atratividade, graciosidade e disciplina (DEGHER e HUGHES, 1999).

Em contraste, o corpo gordo é associado à feiura e a um corpo não desejável. Além disso, este corpo também se associa a falhas morais, como falta de controle, irresponsabilidade social e preguiça (Brewis *et al.*, 2011). Esses descréditos sociais, implícitos em tais julgamentos morais, são elementos-chave para moldar o estigma social sobre a obesidade (Goffman, 1983), também conhecido como gordofobia. Goffman define o estigma como um atributo altamente desvalorizado e que desqualifica determinada pessoa de total aceitação social. Esse processo é resultante de interações sociais, nas quais o "desviante" é visto como aquele que se distancia dos outros que são, supostamente, normais. Uma vez assinalada, a característica estigmatizadora legitima diversas discriminações sociais e exclusões (Goffman, 1983).

Complementarmente, Brewis (2014) define o estigma relacionado ao corpo gordo como a "discriminação moral" ou a "morte social" que as pessoas gordas vivenciam por causa das mensagens sociais negativas relacionadas a este corpo. Tais mensagens incluem preguiça, descontrole, falta de força de vontade, motivação, disciplina, competência, inteligência e compromisso. Por outro lado, cabe ressaltar que o estigma também pode estar atribuído a atitudes reativas de resistência e de luta por justiça social. Um exemplo é o surgimento do movimento do ativismo gordo no Brasil, associado à militância gorda nas redes sociais digitais que se apropria do estigma que supostamente apresentaria um corpo gordo e o reivindica sob uma perspectiva positiva; inclusive valorizando sua materialidade (Cunha Raposso e Jimenez, 2022).

A partir do exposto, vê-se que, na maioria dos casos, apresentar um corpo gordo se tornou um estigma, assim como as atitudes negativas com pessoas gordas passaram a ser observadas de forma sistemática (Puhl e Heuer, 2009). Aqueles que são classificados com obesidade (pessoas com o IMC ≥ 30 kg/m2) ou gordos têm menor acesso à educação e carreiras profissionais, remuneração mais baixa, recebem cuidado de saúde inferior em comparação com outros coletivos sociais, além de terem significativamente mais chances de serem demitidos, sofrerem *bullying*, provocações e serem rejeitados romanticamente (Puhl e Heuer, 2009; Carr e Friedman, 2005; Janssen *et al.*, 2004; Sobal, 2000; Poulain, 2009).

Estudos vêm investigando sobre atitudes estigmatizadoras com pessoas gordas, mostrando resultados alarmantes. Em uma pesquisa alemã, cuja amostra consistiu em 431 homens e 469 mulheres de IMC medicamente considerado normal, 23,5% dos participantes apresentaram atitudes estigmatizadoras para com pessoas gordas, atribuindo esta condição corporal ao comportamento individual, a um nível educacional mais baixo e à idade mais avançada (Hilbert *et al.*, 2008).

A partir de dados da pesquisa nacional conduzida nos Estados Unidos entre 1995 e 1996, a National Survey of Midlife Development, Andreyeva *et al.* (2008) investigaram as experiências de discriminação corporal em 2.290 adultos. Os resultados mostraram que para pessoas com um IMC entre 25 e 29,9 kg/m², 3,5% dos homens e 8,6% das mulheres sofreram discriminação relacionada ao peso corporal. Para indivíduos com um IMC maior que 35 kg/m², as porcentagens foram de 28,1% para os homens e 45,4% para as mulheres, sugerindo que estas são mais discriminadas pelo seu peso corporal.

Schwartz *et al.* (2012) investigaram as influências de diferentes tamanhos corporais no estigma relacionado ao peso corporal. Um total de 4.283 pessoas, que apresentavam uma amplitude de IMCs (os índices variavam do IMC < 18,5 kg/m² até o ≥ 40,0 kg/m²), participaram do estudo, respondendo a um questionário on-line. Todas as categorias de IMC apresentaram atitudes negativas explícitas sobre o corpo gordo, mas houve uma relação inversa entre o peso corporal e o nível dessas atitudes. Isto é, pessoas mais magras foram mais propensas a associar espontaneamente atributos negativos a pessoas gordas, referindo-se a elas como pessoas ruins, preguiçosas e menos motivadas. Os participantes magros também reportaram preferir pessoas magras a pessoas gordas. Tanto os participantes magros como os gordos associaram o corpo gordo com um quadro ansioso (Schwartz *et al.*, 2012).

Esses dados são preocupantes, pois tais percepções negativas acerca das pessoas gordas se estendem para o ambiente de trabalho. A autora Magdalena Piñeyro, em seu livro *"Stop Gordofobia y las panzas subversas"* (2016), traz reflexões sobre o estigma relacionado ao peso corporal no mercado de trabalho. Nessa obra, Piñeyro aponta que as experiências relacionadas a este estigma podem começar na procura por emprego, já que muitos anúncios pedem uma "boa aparência", o que implica não apenas no vestir-se bem, mas subentende-se também que se deve apresentar um corpo "bom", ou seja, um corpo magro. Isso é especialmente marcante quando a vaga envolve um contato direto com o público. A autora segue argumentando que as associações socioculturais negativas do corpo gordo com preguiça, ineficiência, lentidão, imobilidade, preguiça, entre outras, agravam ainda mais a exclusão e marginalização de pessoas gordas do mercado de trabalho. Isso porque o empregador não quer empregar alguém que, supostamente, tem tais características (Piñeyro, 2016).

Como consequência, a socióloga Deborah Lupton (2013b) afirma que, em comparação com pessoas classificadas com o peso "normal", pessoas gordas são mais propensas a ficarem desempregadas e a terem acesso a empregos de menor qualidade ou a serem menos remunerados devido às associações negativas feitas automaticamente a este corpo. Assim, essa população fica mais vulnerável à pobreza e mais propensa a ser mais afetada por condicionantes sociais da saúde de maneira geral. Estes incluem fatores sociais, ambientais, físicos e emocionais que tornam mais difícil para as pessoas desfrutarem de estilos de vida saudáveis e ter acesso a cuidados de saúde que possam precisar (Lupton, 2013b).

Estamos longe de ter dados precisos acerca da extensão do estigma relacionado ao peso corporal de pessoas gordas no ambiente de trabalho. Isso se dá por ser um fenômeno que nem sempre é entendido como discriminação pela pessoa que a sofre ou por haver dificuldade de juntar provas e testemunhas. Ainda assim, há dados que ilustram a exclusão e a discriminação de pessoas gordas no ambiente de trabalho, e estes serão apresentados a seguir.

Em janeiro de 2016, um homem de Tenerife (Espanha) denunciou na rádio que um posto de gasolina onde ele cumpriu o período probatório de uma semana (sem contrato) havia anunciado que não o contrataria pelo fato de ele ser gordo (Piñeyro, 2016).

Outro caso de uma pessoa que teve sua competência questionada devido ao tamanho do seu corpo foi o da médica Maggie de Block. Ela assumiu o Ministério de Assuntos Sociais e Saúde Pública da Bélgica em 2014 e, em meio a uma grande polêmica, sua idoneidade para o cargo foi questionada por ser uma pessoa classificada com obesidade (Piñeyro, 2016).

Em uma seleção de emprego, Kátia Xangô, uma mulher gorda que estava se candidatando para uma vaga de balconista em uma lanchonete de Salvador (Brasil), ouviu da recrutadora "É para você essa vaga? [...] Ah, mas o espaço é apertado para poder se locomover. Tem armário, fogões, geladeiras e não vai dar para entender quem é quem. Se é fogão, armário, se é você". Na sequência, a recrutadora informou que a vaga já havia sido preenchida por outra candidata. Ela era uma mulher magra (Exame, 2021).

Ainda no Brasil e no Uruguai (El País, 2014a, b), dois homens foram impedidos pelos seus respectivos Estados de assumir cargos públicos, os quais eles haviam conquistado legitimamente, por terem um IMC que os classificava com obesidade. O cargo público do brasileiro era para professor, enquanto o do uruguaio era para motorista. Os argumentos de ambos os Estados giravam em torno da "saúde" dos candidatos, embora o tamanho corporal não tenha sido abertamente colocado como um impedimento para sua contratação. Esse fato não surpreende, uma vez que preconceitos são, muitas vezes, encobertos por aqueles que os têm. Os candidatos denunciaram os respectivos Estados, porém, perderam. Esse detalhe é importante, pois, como nos alerta PIÑEYRO (2016), a autora sugere que o peso está sendo usado como argumento para impedir o acesso ao mercado de trabalho de uma parte da população com base em uma característica física específica.

Esses dados ficam evidentes quando olhamos para pesquisas feitas com executivos de empresas brasileiras. Uma pesquisa desenvolvida pelo Grupo Catho, intitulada "A contratação, a demissão e a carreira dos executivos brasileiros", produzida em 2005, e realizada junto a aproximadamente 31 mil executivos, identificou que 65% dos presidentes e diretores de empresas tinham alguma restrição na hora de contratar pessoas gordas (Exame, 2021). Ademais, o estudo apontou que o mercado remunerava melhor pessoas magras. Segundo os cálculos feitos pelos pesquisadores, viu-se que cada ponto a mais no IMC de um funcionário se refletia em um decréscimo de noventa e dois reais por mês em seu salário.

Complementarmente, uma pesquisa da CKZ Diversidade apontou que um executivo revelou "não gostar de lidar" com pessoas gordas, adjudicando o adjetivo de "fracassadas" (Exame, 2021) a pessoas com tal característica corporal. Vê-se que o estigma relacionado ao peso afeta o recrutamento e a ascensão profissional de pessoas gordas, já que é menos frequente se ver pessoas gordas em posições de liderança.

É relevante lembrarmos que a discriminação baseada em raça, sexo ou religião é crime. Um marco importante é que desde 12 de janeiro de 2023, com a sanção da Lei 14.532, a prática de injúria racial passou a ser expressamente uma modalidade do crime de racismo, tratada de acordo com o previsto na Lei 7.716/1989. Segundo o Artigo 140, praticar injúria para com uma pessoa tem como pena a detenção ou multa. No entanto, parece que a discriminação baseada no peso corporal ainda é pouco questionada ou passível de medidas legais para proteger as pessoas que sofrem tal discriminação.

No Brasil, ainda não há uma lei específica para punir quem pratica atitudes discriminatórias baseadas no peso. Porém, no mercado de trabalho, tal discriminação pode ser interpretada como assédio moral, injúria, crime contra a honra, por exemplo, que possuem recursos judiciais de defesa. Com efeito, processos relacionados ao estigma de peso no ambiente do trabalho estão crescendo. Segundo dados da startup Data Lawyer, em 2016, eram cinco processos com este tema. Já em 2022, o número passou para 203.

Uma informação relevante neste sentido é que, em 2022, foi apresentado um projeto de lei (PL 1786/2022) que inclui a discriminação ou preconceito em razão do peso corporal relacionado à obesidade nos crimes previstos na Lei 7.716, de 05 de janeiro de 1989 (Câmara dos Deputados, 2022). Esta Lei protege características como raça, cor, etnia, religião ou procedência nacional de atitudes discriminatórias ou preconceituosas. Assim, busca-se enquadrar na Lei 7.716 os crimes resultantes de estigma relacionado ao peso corporal (Câmara dos Deputados, 2022).

Outros dados que corroboram os casos acima e nos mostram as consequências do estigma do peso corporal no mercado de trabalho são três estudos da Coreia do Sul, que associaram menores oportunidades de trabalho e de renda com o maior peso corporal (Ahn *et al.* 2019; Han e Hruschka, 2020; Kim e Han 2017). No estudo de AHN *et al.* (2019), o estigma do peso foi observado pelo fato de as mulheres classificadas com sobrepeso e obesidade serem as mais prejudicadas na obtenção de emprego e renda. Em comparação com mulheres classificadas com "peso normal", a probabilidade de mulheres com sobrepeso e obesidade serem contratadas diminuiu 4,78%. Em contrapartida, em comparação com as mulheres classificadas com "peso normal", as mulheres classificadas com baixo peso tinham 4,56% mais chances de serem contratadas. Assim, observa-se que, neste contexto, havia uma penalidade por ser gorda e uma recompensa por estar abaixo do peso (Ahn *et al.*, 2019).

Outro estudo observou uma situação semelhante. No estudo de Kim e Han (2017) entre as mulheres, aquelas classificadas com sobrepeso ou obesidade sofreram penalidades do mercado de trabalho. Já as mulheres classificadas com baixo peso ou peso normal poderiam receber uma recompensa por desempenho. Entre os homens, ser classificado com baixo peso poderia penalizá-los no mercado de trabalho, mas um IMC mais alto, mesmo considerando a classificação de sobrepeso, poderia resultar em salários maiores. Finalmente, a penalidade de empregabilidade ou salário devido à classificação de IMC mais alto em jovens adultos em seu primeiro emprego tendeu a durar ao longo do tempo (Kim e Han, 2017).

Por fim, um estudo que comparou a Coreia do Sul com os Estados Unidos da América observou que em ambos os países, entre as mulheres casadas, um IMC mais elevado foi associado a uma menor mobilidade social, sugerindo estigma de peso. Mais especificamente, em ambos os países, o estigma do peso foi observado porque a renda familiar teve uma associação significativa e negativa com o IMC para as mulheres. Especificamente, as mulheres que viviam em domicílios com rendas mais altas tendiam a ter um IMC menor. Não houve relação significativa entre renda familiar e IMC entre os homens (Han e Hruschka, 2020). Isso reforça os argumentos apresentados anteriormente que o estigma relacionado ao peso corporal aproxima as pessoas gordas de vulnerabilidades.

Tal estigma também parece afetar diretamente profissões cujo corpo é socioculturalmente associado a um "bom" desempenho profissional.

Ilustrativamente, um estudo brasileiro investigou, a partir de uma abordagem qualitativa, a experiência de nutricionistas classificadas com obesidade (Araújo *et al.*, 2015). Os resultados mostraram que algumas participantes declaram ter abandonado a profissão por não conseguirem mais suportar o estigma do peso e uma relatou ter sido demitida por ter um peso corporal maior. Elas relataram que notavam que eram vítimas de discriminação por causa do seu peso corporal quando as pessoas entendiam que um(a) nutricionista com um peso maior era um símbolo de incompetência. As participantes mencionaram que esse estigma veio de colegas, professores, pacientes e das pessoas com quem se relacionam (Araújo *et al.*, 2015). Visto que os pares profissionais também expressavam atitudes discriminadoras com essas participantes, esses dados sugerem que o estigma de peso está presente até mesmo nos locais de ensino em saúde. Isso é preocupante, visto que tais formações deveriam dar ferramentas para que os profissionais fossem agentes de combate do estigma de peso, e não seus perpetuadores, como aponta o estudo de Araújo e colaboradores (2015).

Vê-se que o estigma relacionado ao peso corporal no ambiente de trabalho tem diversas consequências sociais, emocionais e econômicas para as pessoas gordas. Assim, é vital que este tema seja abordado em profundidade e de maneira contínua pelos locais de trabalho. Em primeiro lugar, é importante que toda a equipe receba treinamento para se conscientizar sobre o que é o estigma do peso, como ele se manifesta e quais suas consequências. Isso porque, como vimos, o estigma é construído em uma sociedade e requer um esforço consciente e contínuo para ser combatido. Nesse sentido, palestras e rodas de conversa, incluindo todos os cargos da empresa, são vitais para essa conscientização.

Essas discussões são importantes para colocar em xeque algumas construções que foram se consolidando a respeito de corpos gordos e corpos magros. Por exemplo, a mensagem social de pouco valor associada à obesidade é constantemente centrada na ideia de que, trabalhando-se arduamente, consegue-se um corpo "bom", ou seja, um corpo magro (Trainer *et al.*, 2017). Essa ideia, como visto nos estudos e casos apresentados nos parágrafos acima, se perpetua também no ambiente de trabalho, sendo atrelada, por exemplo, a maiores chances de contratação e promoção para quem se "esforça" para ter este corpo. Logo, palestras sobre o tema de estigma relacionado ao peso corporal são um bom espaço para educar e desmistificar a ideia de que determinadas características corporais têm mais ou menos valor.

Também é importante que se tenha clareza de que o estigma relacionado ao peso corporal se manifesta de diferentes formas no ambiente de trabalho. Entre elas, as instalações físicas se destacam. Por exemplo, um local de trabalho que não oferece cadeiras adequadas para diferentes tamanhos corporais está, indiretamente, reforçando este estigma. Catracas, refeitórios e sanitários adequados para acomodar diferentes tamanhos corporais também devem ser oferecidos. Ainda, os uniformes, caso seja uma prática do local de trabalho, devem ser fornecidos com tamanhos adequados para vestir corpos maiores. Finalmente, equipamentos de cuidado médico, como o esfigmomanômetro, quando presentes nos ambientes de trabalho, também devem ser disponibilizados em tamanhos para acomodar tamanhos corporais grandes.

O/a nutricionista, quando bem-preparado/a para abordar sobre o tema de estigma relacionado ao peso corporal, pode ser um/a aliado/a em todos esses aspectos, podendo ser um/a mediador/a em palestras sobre o tema, assessorando as mudanças que se mostrarem pertinentes nos equipamentos, mobiliários e vestimenta da empresa, bem como oferecendo palestras que reforcem que saúde não é determinada exclusivamente pelo peso corporal e que há diversos outros aspectos relevantes para essa construção. Nesse sentido, o/a nutricionista pode colaborar trazendo para a discussão o que contribui para uma boa saúde, que passa por uma alimentação saudável, pela movimentação do corpo, por como a pessoa se percebe e é percebida em diferentes ambientes, por como ela se relaciona com seu corpo, entre muitos outros aspectos, entre os quais o peso *por si só* não é um fator determinante para falar sobre a saúde de alguém, e muito menos sobre sua moral ou caráter.

Nesse sentido, também é importante que as empresas estimulem os funcionários a terem suporte profissional, em especial de nutricionistas e terapeutas capacitados/as para abordar sobre o tema do estigma relacionado ao peso corporal. Finalmente, é vital que os ambientes de trabalho tenham mecanismos de denúncia para os/as trabalhadores/as que se sentirem desrespeitados em relação ao seu peso e tamanho corporal, com acolhimento e anonimato, bem como que sejam instituídos mecanismos de reparação e de penalidades para as pessoas que as desrespeitaram.

Referências

AHN, R.; KIM, T. H.; HAN, E. The moderation of obesity penalty on job market outcomes by employment efforts. Int J Environ Res Public Health, v. 16, n. 16, 2974, 2019.

ANDREYEVA, T.; PUHL, R.; BROWNELL, K. Changes in Perceived Weight Discrimination Among Americans, 1995–1996 Through 2004–2006. Obesity, v. 16, n. 5, p. 1129-1134, 2008.

ARAÚJO, K. L. D.; PENA, P. G. L.; FREITAS, M. D. C. S. D. Sofrimento e preconceito: trajetórias percorridas por nutricionistas obesas em busca do emagrecimento. Cien Saúde Colet, v. 20, p. 2787-2796, 2020.

BORDO, S. Unbereable weight: feminism, western culture and the body. Berkeley, Los Angeles and London: University of California, 1993.

BREWIS, A. Stigma and the perpetuation of obesity. Soc Sci Med, v. 118, p.152-158, 2014.

BREWIS, A. *et al*. Body Norms and Fat Stigma in Global Perspective. Curr Anthropol, v. 52, n. 2, p. 269-276, 2011.

CARR, D.; FRIEDMAN, M. Is Obesity Stigmatizing? Body Weight, Perceived Discrimination, and Psychological Well-Being in the United States. J. Health Soc. Behav., v. 46, n. 3, p. 344-259, 2005.

Câmara dos Deputados. Projeto de Lei PL 1786/2022. Disponível em: https://www.camara.leg.br/propostas--legislativas/2330524. Acesso em: 14 ago. 2023.

DEGHER, D.; HUGHES, G. The adoption and management of a "fat" identity. In: Maurer D, Sobal J, eds. Interpreting weight: the social management of fatness and thinness. New York: Aldine de Gruyter, 1999. p. 11-27.

El País (Uruguai). Le impiden asumir el cargo a un profesor por ser obeso. El país (Uruguay), 2014. Disponível em: http://www.elpais.com.uy/mundo/asumir-cargo--publico-obeso-brasil.html. Acesso em: 07 ago. 2023.

El País (Uruguai). Ganó un concurso pero no pudo entrar a la IMM por gordo. El País (Uruguay), 2014. Disponível em: http://www.elpais.com.uy/informacion/ga-no-concurso-no-pudo-entrar.html consultado. Acesso em 07: ago. 2023.

Exame. Gordofobia? 65% dos executivos preferem não contratar pessoas obesas. Exame, 2021. Disponível em: https://exame.com/carreira/gordofobia-65-dos-executivos-preferem-nao-contratar-pessoas-obesas. Acesso em 08 ago. 2023.

FOUCAULT, M. Historia de la sexualidad 1: la voluntad del saber. 2da. Edição. Buenos Aires: Siglo XXI Editores, 2008.

GOFFMAN, E. Estigma: notas sobre a manipulação da identidade deteriorada. Simon & Shuster, Nova Iorque, 1983.

GRACIA-ARNAIZ, M. Fat bodies and thin bodies. Cultural, biomedical and market discourses on obesity. Appetite. v. 55, n. 2, p. 219-255, 2010.

HAN, S.; HRUSCHKA D. Deprivation or discrimination? Comparing two explanations for the reverse income–obesity gradient in the US and South Korea. Cambridge University Press, p. 1–20, 2020.

HILBERT, A.; RIEF, W.; BRAEHLER, E. Stigmatizing Attitudes Toward Obesity in a Representative Population--based Sample. Obesity, v. 16, n. 7, p. 1529-1534, 2008.

JANSSEN, I. *et al.* Associations Between Overweight and Obesity With Bullying Behaviors in School-Aged Children. Pediatrics, v. 113, n. 5, p. 1187-1194, 2004.

KIM, T. H.; HAN, E. Entry Body Mass and Earnings: Once Penalized, Ever Penalized?. Biodemography Soc. Biol., v. 63, n. 4, p. 332-346, 2017.

KULICK, D.; MENELEY, A. Fat: the anthropology of an obsession. New York: Penguin, 2005.

LEWIS, S. *et al.* "I don't eat a hamburger and large chips every day!" A qualitative study of the impact of public health messages about obesity on obese adults. BMC Public Health. v. 10, n. 309, p. 1-92010.

LUPTON, D. Fat. New York: Routledge, 2013a.

_____. Why is fat discrimination socially acceptable?. Fat Politics: Collected Writings. Department of Sociology and Social Policy, University of Sidney, 2013b.

PIÑEYRO, M. Stop Gordofobia y las panzas subversas. Málaga: Zambra y Baladre, 2016.

POULAIN, J. P. *Sociologie de l'obésité*. France: Puf, 2009.

PUHL, R.; HEUER, C. The Stigma of Obesity: A Review and Update. Obesity, v. 17, n. 5, p. 941-964, 2009.

RAPOSO, L. C.; JIMENEZ, M. L. 2022. Mulheres gordas na pandemia: Gordofobia, (re)existências e Ativismo Gordo. Revista Feminismos, v. 10, n. 1, 2022.

SOBAL, J. Sociological analysis of the stigmatisation of obesity. In: Germov J, Williams L. A Sociology of Food & Nutrition: The social appetite. Oxford University Press, 2000. p. 187-204.

STEARNS, P. N. The turning point. In: Stearns PN. Fat bodies: bodies and beauty in the modern west. New York: New York University Press, 2002. p. 3-24.

SCHWARTZ, M. B. *et al*. The influence of one's own body weight on implicit and explicit anti-fat bias. Obesity. v. 14, n. 3, p. 440-447, 2006.

TRAINER, S.; WUTICH, A.; BREWIS, A. Eating in the Panopticon: Surveillance of Food and Weight before and after Bariatric Surgery. Med Anthropol. v. 36, n. 5, p. 500-514, 2017.

VESTER, K. Regime change: gender, class, and the invention of dieting in post-bellum America. J. Social History, p. 39-71, 2010.

Mariana Dimitrov Ulian – Nutricionista formada pela Universidade Federal de São Paulo (UNIFESP) e terapeuta pela Escola Paulista de Psicodrama. Mestre em Ciências pela UNIFESP. Doutora e pós-doutora pela

Faculdade de Saúde Pública, Universidade de São Paulo (FSP/USP). Pesquisadora do Grupo de Alimentação e Cultura da FSP/USP.

Prof. Dr. Ramiro Fernandez Unsain – Antropólogo e Mestre em Antropologia pela Universidade de Buenos Aires. Doutor em Ciências da Saúde pela Universidade Federal de São Paulo. Pós-doutor em Nutrição em Saúde Pública pela USP. Pós-doutor em Medicina Preventiva pela USP. Pesquisador do Grupo de Alimentação e Cultura e do Departamento de Medicina Preventiva da Universidade de São Paulo.

CAPÍTULO 8

Vício em Tecnologia e Distração Digital: Encontrando Equilíbrio no Mundo Digital

Lilian Carvalho

"Na era das redes sociais, dos haters e das fake news, é uma crise nacional e global que as pessoas sigam tão prontamente os seus sentimentos para abraçar histórias bizarras sobre os seus inimigos. Uma comunidade em que os membros se responsabilizam mutuamente pela utilização de provas para fundamentar as suas afirmações é uma comunidade que pode, coletivamente, procurar a verdade na era da indignação."
Jonathan Haidt

Introdução

A revolução digital trouxe inúmeros benefícios à sociedade, mas também desafios significativos, sendo crucial se atentar para o tema como um ponto de discussão pertinente à saúde mental nas organizações. A internet, em particular, se tornou uma parte integrante da vida cotidiana de muitas pessoas, transformando a maneira como nos comunicamos, trabalhamos e nos informamos.

No entanto, essa conexão constante com o mundo digital também trouxe problemas, como o vício em tecnologia e a distração digital, fenômenos estes que têm implicações diretas e significativas no bem-estar mental dos indivíduos no ambiente de trabalho. O excesso de estímulos digitais e a pressão para estar sempre conectado podem levar a estresse, ansiedade e outros transtornos mentais, o que destaca a importância de abordar a saúde mental nas organizações no contexto da revolução digital.

Este capítulo explora os impactos desses fenômenos e oferece estratégias para encontrar equilíbrio e preservação da saúde mental no mundo digital. É fundamental que as organizações reconheçam e se engajem proativamente para mitigar os riscos associados à saúde mental relacionada à tecnologia, promovendo ambientes de trabalho mais saudáveis e produtivos para seus colaboradores.

Conectividade e Consciência: Navegando pelos Desafios da Saúde Mental na Era Digital

A revolução digital mudou fundamentalmente a forma como vivemos e interagimos com o mundo ao nosso redor, impactando, inclusive, a saúde mental dos colaboradores nas diversas esferas profissionais (Newport, 2021). A internet entrou na vida do cidadão comum, principalmente o americano, a partir dos anos 90. Mas é a partir de 2007, com o lançamento do primeiro iPhone, que observamos a criação de uma vida hiperconectada, em que cada passo de nossas vidas passou, de alguma forma, a estar conectado à internet.

Essa hiperconectividade desempenhou um papel crucial nessa transformação, permitindo uma conexão contínua com informações, pessoas e conteúdo. Contudo, essa conectividade constante também trouxe desafios significativos, incluindo o vício em tecnologia e a distração digital, afetando a saúde mental dos colaboradores ao sobrecarregá-los com informações e exigências de prontidão constante.

Estes desafios da vida digital podem resultar em estresse, ansiedade e outros problemas de saúde mental para os colaboradores, uma vez que a linha entre a vida profissional e pessoal se torna cada vez mais tênue. O vício em tecnologia, por exemplo, é uma preocupação crescente, que pode levar a sentimentos de isolamento, depressão e ansiedade, desencadeando um ciclo prejudicial à mente e ao bem-estar geral do indivíduo.

O objetivo deste capítulo é explorar esses desafios ligados à saúde mental e à tecnologia, oferecendo estratégias para encontrar equilíbrio no mundo digital. Para isso, discutiremos a evolução da tecnologia e seu impacto nas interações sociais, o conceito de vício em tecnologia e suas consequências para a saúde mental, bem como formas de combater a distração digital. Dessa forma, promovemos um uso mais consciente e equilibrado da tecnologia, que apoie a saúde mental dos colaboradores, melhorando sua qualidade de vida e produtividade no ambiente de trabalho.

Dentro do tema do vício em tecnologia, exploraremos suas consequências na saúde mental dos colaboradores, como o sentimento de isolamento social, a compulsão pelo uso constante de dispositivos digitais e o surgimento de transtornos de ansiedade e depressão. Ao compreender o vício em tecnologia não apenas como uma dependência, mas como um sintoma de problemas mais profundos relacionados à saúde mental, podemos traçar estratégias mais eficazes para combater esse fenômeno e promover o bem-estar no ambiente de trabalho.

Além disso, abordaremos formas de combater a distração digital, a qual contribui significativamente para o aumento dos níveis de estresse e ansiedade nos colaboradores. Estratégias como a implementação de pausas regulares longe das telas, a promoção de atividades físicas e a conscientização sobre os riscos associados ao uso excessivo de tecnologia são cruciais para garantir um ambiente de trabalho saudável e produtivo.

Para promover um uso mais consciente e saudável da tecnologia, sugerimos práticas que beneficiem a saúde mental dos colaboradores, fortalecendo assim sua resiliência e capacidade de lidar com os desafios do mundo digital. Entre essas estratégias, destacam-se a promoção de uma cultura de desconexão consciente, o incentivo à realização de atividades que estimulem o foco e a atenção plena, e o apoio contínuo por parte das organizações para ajudar seus colaboradores a navegar por esses desafios.

A Evolução da Tecnologia e suas Consequências

É verdade que a internet nos trouxe muitas coisas boas: deixou famílias, que antes distantes geograficamente hoje podem conviver virtualmente de forma instantânea, reuniu pessoas que não se encontravam há anos, por vezes décadas, deixou o conhecimento, antes relegado aos confinamentos das universidades, algo acessível a todos que possuam curiosidade e uma conexão com a internet.

Mas também nos trouxe algumas coisas ruins, e acredito que a TED Talk de Monica Lewinsky, intitulada "O preço da vergonha", resume bem os problemas que a cultura online nos trouxe.

Em primeiro lugar, antes da internet, qualquer escândalo tinha duração, temporal e geográficas, bastante limitadas. Antes da internet, se alguém, por exemplo, perdesse a calma em uma briga de trânsito, quem saberia seriam os presentes durante o acontecimento, e mesmo que um jornal impresso ou de TV divulgasse o fato, em alguns dias, meses ou no máximo anos, as pessoas teriam superado essa notícia e mudado rapidamente de assunto.

Nos dias de hoje, com as ferramentas de busca e as redes sociais tornam qualquer fato eterno, ou seja, basta uma busca para que qualquer um encontre na internet evidências dos piores momentos de qualquer um. Por exemplo, James Damore ficou conhecido por um memorando interno que escreveu enquanto era funcionário do Google em 2017. Nesse memorando, intitulado *"Google's Ideological Echo Chamber"* (Câmara de Eco Ideológica do Google, em tradução livre), Damore argumentou que a disparidade de gênero em campos como a tecnologia não era apenas resultado de preconceitos e discriminação, mas também poderia ser explicada, em parte, por diferenças biológicas entre homens e mulheres. Em resposta à controvérsia, o Google demitiu James Damore em agosto de 2017. A demissão de Damore gerou debates acalorados sobre liberdade de expressão no local de trabalho, a diversidade de opiniões na indústria de tecnologia e as políticas de inclusão. A demissão de Damore também trouxe à tona questões sobre como as empresas abordam a diversidade de gênero e a igualdade no setor de tecnologia. Uma das razões pelos quais Damore foi demitido do Google foi a reação negativa dos funcionários e público, potencializada pelas redes sociais e a viralização do conteúdo no Twitter. Muitos argumentaram que o memorando era sexista e perpetuava estereótipos prejudiciais de gênero, o que levou a uma pressão considerável sobre a empresa para tomar medidas. No momento que escrevo este capítulo, em outubro de 2023, os primeiros resultados para a busca do nome "James Damore", no buscador do Google, ainda são matérias de jornais referentes a esse cancelamento na internet.

Em relação a essa característica de imortalidade dos fatos na internet, vale a pena ressaltar o *"direito de ser esquecido"*, que é um conceito jurídico que se refere ao direito de uma pessoa de ter suas informações pessoais removidas ou não mais disponíveis ao público, especialmente na internet. O conceito ganhou destaque com a implementação do Regulamento Geral de Proteção de Dados (GDPR) na União Europeia em 2018, que inclui disposições relacionadas ao direito de ser esquecido.

No contexto online, o direito de ser esquecido pode ser aplicado a informações que aparecem em motores de busca, redes sociais, sites de notícias ou qualquer outra plataforma na internet. As pessoas podem solicitar a remoção de links ou conteúdo que considerem prejudiciais, irrelevantes ou desatualizados. Defensores do direito de ser esquecido argumentam que ele é importante para proteger a privacidade das pessoas e permitir que elas se recuperem de erros ou incidentes do passado sem serem permanentemente prejudicadas pela presença contínua de informações online.

O direito de ser esquecido é um conceito jurídico e social importante, pois, uma vez que um escândalo se torna viral, online, o cyberbullying pode começar. E esse é o segundo ponto de Lewinsky: vivemos em uma cultura da humilhação, onde as pessoas são muitas vezes julgadas e punidas publicamente por erros passados, em vez de serem encorajadas a aprender e crescer com essas experiências.

E, por último, essa cultura da humilhação pode ter consequências muito graves, como impacto na saúde mental e emocional das vítimas, que muitas vezes enfrentam depressão, ansiedade e isolamento social. Você alguma vez já ficou em alguma rede social e, quando se deu conta, duas horas haviam se passado? Esse comportamento é conhecido como *"doom scrolling"*: refere-se a um comportamento comum que ocorre quando as pessoas passam longos períodos de tempo rolando pelas redes sociais, notícias online ou outros *feeds* de conteúdo digital, mesmo que o conteúdo seja negativo, angustiante ou desanimador. Isso pode ter impactos negativos na saúde mental, aumentando o estresse e a sensação de impotência. Infelizmente, a influenciadora fitness da cidade de Uberlândia que eu mesma conheci em 2018, e gostava muito, tirou a própria vida depois de ler comentários negativos de seguidores pelo Instagram e WhatsApp. É preciso lembrar que o mundo virtual pode ter consequências muito reais e trágicas, se não tomarmos cuidado.

Por que a Internet É Tão Viciante?

O mundo virtual funciona como um grande "adestrador" para nos deixar sempre ansiosos para ver o que está acontecendo por lá. Andreassen (2015) explica que a internet, principalmente os algoritmos das redes sociais, funcionam por condicionamento instrumental. Esse condicionamento ou adestramento faz parte de um corpo teórico da psicologia experimental conhecido como behaviorismo. Ele descreve como o comportamento de um indivíduo é influenciado pelas consequências que esse comportamento gera. As redes sociais oferecem recompensas imediatas, isto é, reforço positivo, na forma de comentários, curtidas, compartilhamentos e notificações. Essa recompensa imediata é recebida pelo cérebro humano na forma de prazer, e esse feedback positivo reforça o comportamento, ou seja, o indivíduo volta a acessar as redes várias vezes em busca do próximo comentário ou curtida para que a sensação de prazer o inunda novamente. Com o tempo, o comportamento de usar redes sociais se torna um hábito arraigado. As pessoas podem começar a usar as redes sociais de forma automática, mesmo sem pensar nisso. Isso pode levar à dependência, na qual a pessoa sente a necessidade de verificar as redes sociais repetidamente, muitas vezes em detrimento de outras atividades importantes.

Além disso, Andreassen (2015) também afirma que pode haver fatores sociais e culturais influenciando as pessoas a ficarem hiperconectadas: se todos que conheço, desde familiares e amigos, até colegas de trabalho, estão "sempre" online, me sentirei compelido(a) a estar lá também, mostrando meus hábitos, competindo por status, popularidade ou dinheiro. As pessoas, em muitas situações, podem experimentar sentimentos de ansiedade ou exclusão se optarem por não participar ativamente das redes sociais, uma vez que essas plataformas se tornaram ferramentas cruciais para a troca de informações, interação social e atualizações sobre eventos significativos. Neste contexto, um termo crucial que ilustra tal fenômeno é o "FOMO" ou *"Fear of Missing Out"*, que em português significa "medo de ficar por fora". Este termo, cunhado por Dr. Dan Herman em 1996 e popularizado por Patrick J. McGinnis em 2004 através de um artigo na revista "The Harbus", refere-se à apreensão generalizada que as pessoas sentem ao pensar que podem estar perdendo experiências valiosas que outros estão tendo.

O FOMO é intensificado na era digital, em que as redes sociais desempenham um papel preponderante na vida das pessoas. Os usuários são constantemente bombardeados com imagens, atualizações e notícias de amigos, familiares e celebridades, compartilhando momentos felizes, conquistas notáveis ou participação em eventos exclusivos. Esse fluxo incessante de informações pode cultivar uma sensação de inadequação ou isolamento em indivíduos que percebem suas vidas como menos excitantes ou gratificantes em comparação.

Para evitar a chamada "punição social", que poderia ser compreendida como o isolamento ou a marginalização experienciada por não estar atualizado ou envolvido com as tendências e acontecimentos sociais predominantes, muitos se sentem compelidos a permanecer ativos e engajados nas redes sociais. A "punição social" é um resultado indireto do FOMO, pois as pessoas, na tentativa de se protegerem de sentimentos de exclusão e ansiedade, podem se submeter a uma participação quase compulsiva em plataformas digitais. A necessidade de estar constantemente informado e conectado cria um ciclo vicioso de dependência das redes sociais, que, em alguns casos, pode contribuir para o estresse e outros problemas de saúde mental relacionados.

Entender o FOMO e seus efeitos colaterais é fundamental, especialmente no mundo contemporâneo, onde as redes sociais são onipresentes e exercem uma influência significativa sobre as percepções, emoções e comportamentos das pessoas. Reconhecer e abordar este fenômeno pode ser um passo crucial para desenvolver uma relação mais saudável e equilibrada com as tecnologias digitais e as plataformas de mídia social, promovendo o bem-estar e a qualidade de vida dos indivíduos.

O que Fazer para Evitar Ser Sugado pelo Mundo Virtual?

Sendo especialista em marketing digital e trabalhando na área, eu mesma posso afirmar que acho difícil se livrar completamente das distrações online, e é uma batalha que vivo diariamente. Mas, se o behaviorismo nos explica como e por que as redes sociais são tão viciantes, é nele também que vamos encontrar dicas e práticas, embasadas em dados e resultados de experimentos, que nos ajudem a nos livrar, ou pelo menos controlar, o uso da internet.

Em 2020 entrei em contato com o livro "Hábitos Atômicos" (Atomic Habits), de James Clear. Ele oferece várias estratégias para ajudar as pessoas a evitar serem sugadas pelas distrações da internet e das redes sociais, permitindo que elas desenvolvam hábitos mais produtivos e saudáveis. Posso dizer que apliquei todas essas dicas em minha vida desde então, e acredito que elas possam te ajudar também a viver uma vida com mais intencionalidade sem cair no vício de *doom scrolling*:

- **Defina Metas Claras:** Clear enfatiza a importância de definir metas claras e específicas para o que você deseja realizar. Ter metas concretas ajuda a manter o foco e a evitar distrações, pois você sabe o que precisa realizar.
- **Reduza a Fricção para Tarefas Produtivas:** Tente reduzir a fricção ou a resistência que impede a realização de tarefas produtivas. Isso pode incluir coisas como organizar seu am-

biente de trabalho, eliminar distrações físicas e tornar mais fácil começar a trabalhar em uma tarefa.

- **Crie Ambientes Sem Distrações:** Clear recomenda a criação de ambientes sem distrações. Isso pode envolver a desativação de notificações em dispositivos, a organização de um espaço de trabalho tranquilo e a implementação de um horário específico para tarefas sem distrações.
- **Use a Regra dos Dois Minutos:** Se uma tarefa levar menos de dois minutos para ser concluída, faça-a imediatamente. Isso ajuda a evitar que pequenas tarefas se acumulem e se tornem distrações maiores.
- **Aplique a Lei de Parkinson Inversa:** Clear sugere que você aloque um tempo específico e limitado para tarefas que podem se tornar distrações, como verificar redes sociais. Limitando o tempo, você evita que essas atividades tomem conta do seu dia.
- **Utilize a Técnica Pomodoro:** A técnica Pomodoro envolve trabalhar em blocos de tempo focados (geralmente 25 minutos) seguidos por um curto intervalo de descanso. Isso ajuda a manter o foco e a evitar distrações, já que você sabe que terá tempo para verificar as redes sociais durante os intervalos.
- **Automatize Bons Hábitos:** Tente automatizar tarefas que são produtivas e benéficas, como

a revisão de metas, o planejamento do dia e a eliminação de distrações digitais em horários específicos.

- **Pratique a Autorregulação:** Clear enfatiza a importância da autorregulação para resistir a distrações. Isso envolve o desenvolvimento da capacidade de controlar impulsos e manter o foco nas tarefas importantes.
- **Faça Revisões Regulares:** Periodicamente, reveja seus hábitos e comportamentos para identificar áreas onde você pode estar sendo sugado por distrações. A autoconsciência é fundamental para fazer ajustes e melhorar seu foco.

Para o autor, a definição de metas claras, a criação de ambientes que incentivem o foco, a automação de hábitos saudáveis e o desenvolvimento da autorregulação são cruciais para evitar ser consumido pelas distrações da internet e das redes sociais. Essas estratégias não somente aprimoram sua produtividade, mas também fortalecem a saúde mental, pois a gestão eficaz do tempo e a diminuição das distrações digitais promovem uma rotina de trabalho menos estressante e mais equilibrada.

Ao falar em focar no que realmente importa, vale ressaltar a importância da saúde mental no ambiente de trabalho. O livro "Essencialismo", de Greg McKeown, é uma ferramenta vital para aqueles que buscam mudar seus hábitos digitais. McKeown discute como as distrações online desviam nossa atenção, levando a uma vida desorientada e propensa à procrastinação, fatores que podem desencadear problemas de saúde mental significativos, como ansiedade e depressão. O constante impulso para verificar e-mails, redes sociais e outras notificações online não apenas diminui a capacidade de concentração em tarefas essenciais e de alta prioridade, mas também cria um estado perpétuo de ansiedade.

A promoção do essencialismo, segundo McKeown, envolve a criação de um ambiente digital que favoreça a concentração e a intencionalidade. Implementar rotinas e práticas que minimizem as distrações online é vital não apenas para a produtividade, mas também para a saúde mental do profissional. Um ambiente de trabalho que apoie a concentração e minimize as distrações contribui para reduzir o estresse e a ansiedade, permitindo que os colaboradores se dediquem às atividades que são verdadeiramente significativas e importantes.

Ao se engajar com o livro e aplicar seus princípios, você não só estará buscando viver de forma mais intencional e focada, mas também incentivará outros ao seu redor a fazer o mesmo, criando assim um ambiente mais saudável e produtivo para todos. A internet, sendo nem anjo, nem demônio, é uma ferramenta poderosa que, se usada corretamente, pode facilitar o acesso a conhecimentos e públicos inexplorados. No entanto, se mal administrada, pode nos arrastar para um redemoinho de distrações improdutivas e buscas sem sentido.

Em síntese, reitero a imperatividade de estabelecer metas nítidas, gerar espaços que fomentem a concentração, automatizar comportamentos salutares e cultivar a autorregulação como alicerces fundamentais para não sucumbir ao canto sedutor das distrações cibernéticas e plataformas sociais. Tais táticas não apenas refinam sua produtividade, mas também são pilastras robustas de sustentação da saúde mental. Isso porque administrar o tempo com eficácia e mitigar interferências digitais engendra uma agenda laboral menos tensionada e mais harmoniosa, vital para a prevenção de desarranjos mentais.

Referências

ANDREASSEN, C. S. (2015). Online social network site addiction: A comprehensive review. Current addiction reports, 2(2), 175-184.

CLEAR, J. (2019). Hábitos atómicos. Leya.

FERREIRA, T. (2021). Quem é Tim Berners-Lee? Conheça o "pai da internet". Olhar Digital.

LEWINSKY, M. (2015). The Price of Shame [TED Talk]. TED2015, Vancouver. Disponível em: https://www.ted.com/talks/monica_lewinsky_the_price_of_shame.

MCKEOWN, G. (2014). Essentialism: The disciplined pursuit of less. Currency.

NEWPORT, C. (2021). A world without email: Reimagining work in an age of communication overload. Penguin.

Lilian Carvalho – Professora Doutora em marketing pela Fundação Getúlio Vargas (FGV-EAESP). Selecionada pela NASA como cientista de dados para o programa Datanauts no outono de 2018. Coordenadora do centro de estudos em Marketing Digital da EAESP (FGV/CEMD). Consultora e palestrante, criadora do Método Lumière, ensino gamificado de métricas de marketing digital. Entre seus clientes encontram-se: Natura, ABVED, Bunzl EPIs, entre outras grandes empresas do Brasil e do exterior. Professora Visitante da Awa Business School (UK), Agora Business School (Egito) e coordenadora do Certificado em Marketing Digital (online) da Universidade de Chicago (USA). Especialista nas áreas de marketing digital, métricas de marketing e otimização de resultados de funis de vendas.

CAPÍTULO 9

Construindo Saúde, Qualidade de Vida e Bem-Estar no Ambiente Corporativo

Anna Freitas

Verbo frequentemente conjugado é o "mudar", principalmente mudar abordagens, metodologias, políticas, mas na realidade o que tem que ser mudado somos nós mesmos. Num tempo de mudanças e transformações drásticas, também na área da atenção à saúde, são os que dão os primeiros passos que irão possuir o futuro. Há um tempo em que é preciso abandonar os velhos conceitos e modelos e esquecer os caminhos que levam sempre aos mesmos lugares. Inovação é tudo. Nada dura por muito tempo. Ou nos adaptamos à mudança, ou ficamos para trás. Quando não somos capazes de mudar situações, somos desafiados a mudar a nós mesmos. Quando algo importante merece ser mudado, deve ser feito, mesmo que as probabilidades não pareçam tão favoráveis.

Ricardo De Marchi M.D

Saúde Populacional – Compreendendo a Estrutura da Saúde Corporativa

A Saúde Populacional é uma abordagem voltada à saúde de grupos de pessoas em determinada região, comunidade ou país, passando do nível individual para o coletivo, pois envolve análise e monitoramento de dados de saúde em larga escala para a compreensão de evidências, tendências, determinantes e fatores que afetam a saúde de uma população em sua totalidade.

Esse controle é de extrema relevância para aplicação das melhorias necessárias através de políticas, programas e intervenções que visam promover a saúde humana integralmente, prevenir doenças, promover o bem-estar e mitigar as desigualdades.

A replicação das melhores práticas em nível de grupos populacionais pode melhorar o estado de saúde de mais pessoas e aumentar o nível de qualidade de vida e desempenho dos indivíduos tanto no trabalho quanto na vida pessoal, pois cidadãos mais saudáveis são mais produtivos. Entre os resultados positivos estão comunidades mais prósperas, menor despesas para o tratamento de doenças e o desenvolvimento de uma cultura de bem-estar e saúde (Fabius & Clarke, 2015).

De acordo com McGinnis e cols. (2012), cerca de 40% da saúde de uma pessoa depende de suas escolhas comportamentais, a carga genética contribui com 30%, as circunstâncias sociais com 15%, 10% relacionados à assistência médica e 5% atribuídos ao ambiente. Dessa forma, é possível agir em boa parte dos influenciadores da saúde do indivíduo e atuar nesses fatores. Assim, a Gestão de Saúde Populacional tem como objetivo geral otimizar o estado de saúde de uma população, promovendo estratégias que enfatizam a promoção da saúde (melhorias contínuas com base nos domínios estratégicos), prevenção de doenças (estratificação, rastreamentos e gerenciamento dos riscos) e a manutenção da independência pessoal (educação e literacia para a autogestão da saúde), utilizando informações disponíveis para realizar as melhores intervenções possíveis.

No ambiente corporativo, esse cenário segue a mesma estrutura e metas, sendo o foco na população de colaboradores, devendo incluir seus dependentes, e avançando para a comunidade, de acordo com as políticas da empresa. Assim, a gestão da saúde passa a ser denominada como corporativa ou organizacional. Em uma organização ela se divide em duas áreas com papéis específicos, mas essencialmente complementares. Trata-se da área ocupacional, que abrange a saúde e segurança no trabalho (SST), e a assistencial, ligada ao ambulatório médico e plano de saúde. Estes esforços paralelos são potencializados quando coordenados e integrados (e não separados e independentes). Segundo estudos do National Institute for Occupational Safety and Health (NIOSH, 2012), há fortes razões para integrar esses dois esforços. Eles fornecem os argumentos para a necessária visão empresarial, focando no potencial de redução de custos e ganhos em produtividade; mas também para a visão pessoal, que foca nos benefícios para a qualidade de vida e saúde do trabalhador. Para as empresas, além desses fatores ligados a dados epidemiológicos e seus componentes, a má gestão da saúde de sua população repercute diretamente não só nos custos e produtividade, como também na reputação social, ambiental e econômica das organizações para todo o mercado global.

Sendo assim, é fácil entender que a gestão da saúde populacional é uma responsabilidade de líderes ligados às iniciativas públicas de saúde, prestadores de atenção à saúde, operadoras, seguradoras, convênios médicos e, claro, empregadores e empregados. Esse modelo também tem o objetivo de incentivar todos os setores da sociedade a (re)pensarem na saúde de forma ampla, para além dos grupos de indivíduos sob a responsabilidade de gestores ou de instituições, impulsionando conhecimento e fomentando a autogestão da saúde, ou seja, educando as pessoas para que assumam a responsabilidade sobre a sua saúde e para que compreendam qual a influência de seu comportamento sobre as áreas econômicas, sociais e ambientais de sua comunidade, município, país ou mesmo do planeta.

A saúde de uma população é impactada diretamente pelos Determinantes Sociais de Saúde, um conceito da área da saúde pública que diz respeito a um conjunto de situações e comportamentos da vida das pessoas. Para a Comissão Nacional sobre os Determinantes Sociais da Saúde (CNDSS), os DSS são os fatores sociais, econômicos, culturais, étnicos/raciais, psicológicos e comportamentais que influenciam a ocorrência de problemas de saúde e seus fatores de risco na população. Sendo assim, é preciso olhar para fatores sociais decisivos como habitação, pobreza e educação, e neste cenário temos, para além do atendimento clínico, as políticas públicas de saúde, ações de educação alimentar e nutricional nas escolas, entre tantas outras possibilidades e, claro, mote de nossa discussão, os programas de promoção de saúde corporativos, que, se bem aplicados, trazem resultados surpreendentes não só para colaboradores, mas também para toda a sociedade.

É fato de que os conceitos aplicáveis aos dias atuais, quando falamos em saúde de uma população, estão em plena transformação, a começar pelas mudanças comportamentais trazidas pelas novas tecnologias, chegada de outras gerações e todos os fatores externos envolvendo a policrise global nos âmbitos econômicos, sociais, demográficos e ambientais, marco disruptivo e definitivo de uma nova era. Em resumo, a mudança de conceito, do tratamento da doença para a atenção à saúde começa a ganhar um corpo diferente dos jamais vistos em 30 ou 40 anos, desde que o modelo de promoção da saúde no trabalho começou a se fortalecer no Brasil. Agora ele passa a ser urgente e estratégico, uma vez que o sistema adotado se tornou obsoleto, ineficiente e oneroso. Todos esses fatores têm trazido grandes rupturas para a cultura organizacional, que agora passa por um redesenho e torna-se mais viva do que nunca, transformando políticas e normas centenárias, enfatizando a promoção de ações para educação e melhorias de hábitos e comportamentos, buscando pela equidade e manutenção do bem-estar integral.

Saúde e Bem-Estar – Um Olhar Holístico para o Ser Humano e para o Futuro do Trabalho

Que o futuro vem das tendências comportamentais, já não há dúvidas. Basta olhar ao redor para perceber o quanto esses últimos três anos (2020 a 2023), experienciando transformações sem precedentes, trouxeram a humanidade a uma era de disrupção em muitos modelos tradicionais de vida.

A confluência da pandemia mundial, crise econômica, preocupações ambientais, equidade e inclusão têm acelerado exponencialmente a necessidade de considerar a saúde e o bem-estar como imperativos do negócio.

Com isso, essas tendências globais estão influenciando diretamente a cultura das organizações, que vivem um momento decisivo, redefinidas em uma prova de fogo imposta por necessidades emergentes (entre outras nem tanto, mas que eram ignoradas), com a chegada de novas tecnologias, automação dos processos, ascensão dos Millenials e Geração Z na força de trabalho e a grande reestruturação, fenômenos atuais de altíssimo impacto, resultando na ampla necessidade de flexibilidade tanto do próprio ser humano quanto dos meios organizacionais, o que definitivamente aponta que uma abordagem única e engessada não terá mais espaço.

O Ambiente de Trabalho como Propulsor da Saúde e Bem-estar Integral

Por incrível que pareça, desde a revolução industrial, pouquíssimos ajustes foram pensados e pouco se refletiu sobre o formato do ambiente de trabalho, sobre quais e como as atividades são realizadas, onde ou quando são feitas, sobre quais circunstâncias. Por estar enraizado na cultura das organizações por tanto tempo sem ajustes, tornou-se obsoleto ao longo do tempo, mas a urgência veio da noite para o dia, o que vem dificultando uma necessária e imediata desconstrução das relações humanas com o próprio trabalho, para que, encontrando um ponto de equilíbrio, possa alcançar o desempenho e o papel ideais para o benefício de todos.

O fato de termos entrado uns nas casas dos outros rompeu de vez a separação entre os mundos antes tão rigidamente delimitados, vida pessoal e trabalho. O contato agora é com o ser humano por inteiro, e assim tudo mudou, pontos de apoio, engajamento, perspectivas, desejos. Planos de saúde, pufes e mesas de ping-pong (longe de estar desmerecendo o uso de ambos para relaxar) já não garantem a promoção e a percepção do bem-estar. O pilar da empatia se fortalece em todas as culturas e o cuidado, compaixão e confiança passam a ser definitivos para o sucesso e permanência das empresas no mercado competitivo. As novas formas de avaliações passam a focar nos resultados e não nos processos ou atividades.

Está nascendo uma cultura em que o ambiente que a compõe não está limitado aos espaços físicos ou virtuais, ou mesmo por diretrizes e normas, mas que deve ser sentido, percebido pelos que fazem parte dele. Surge a cultura da pertença, propósito e significado, cuja característica viva, ativa e sustentável é influenciada pelos anseios e expectativas dos profissionais que buscam tratamento mais humano. A humanização do trabalho ganha nova força, apesar de também não ser um conceito dos mais contemporâneos, talvez somente agora passou a ser percebido em sua verdade e profundidade. Os temas predominantes nas mesas dos executivos têm sido diversidade, equidade e inclusão (DEI); valores e comportamentos; e bem-estar físico e emocional, o que mostra maior necessidade de convergência entre os departamentos e lideranças.

Portanto, tornou-se mandatório e fundamental uma rica apreciação do público como indivíduo, e com isso uma revisão na forma de interagir com essas pessoas, que abandonaram a pseudopassividade para atuarem também como sujeitos das ações e relações. Assim, experiências genuínas e transparentes ganham espaço definitivo nos ambientes de trabalho e o sentir é parte intrínseca deste processo, aumentando consideravelmente os níveis de bem-estar e engajamento. Neste contexto, olhar o público através de lentes humanas terá um impacto profundo na capacidade de se conseguir atingir um nível emocional de conexão, atalho para a percepção de fazer sentido, aumentando a relevância, princípio fundamental para construir a confiança que sustentará esse ambiente mais complexo e interconectado.

A abordagem baseada em dados também é componente essencial deste novo cenário para a construção de ambientes saudáveis, ajudando a eliminar preconceitos, suposições, ruídos, fragmentos, silos e vieses, que prejudicam as tomadas de decisão, além de romper a comunicação fluida entre as partes envolvidas, hoje considerada estratégica em qualquer organização. A ascensão da liderança compassiva, influenciadora e comunicadora autêntica, protagonista do desenvolvimento humano sistêmico, quebra de vez o paradoxo das organizações "sangue nos olhos". Liderar pelo exemplo ganha destaque como instrumento de transformação da cultura, dando vida à experiência do funcionário, ampliando e enriquecendo a proposta de valor que impacta fortemente em toda a sua jornada. As características do trabalho, como é concebido – também podem desempenhar um papel importante na saúde, no bem-estar e no desempenho dos seus trabalhadores.

Aprimorando as novas habilidades, as empresas podem demonstrar cuidado e compaixão por suas forças de trabalho com ações relativamente simples como proporcionar tempo livre, com sextas-feiras de meio período e semanas mais curtas ou de paralisação coletiva, passando pela oferta de serviços de bem-estar, oferecer programas de assistência ao funcionário e apoios para situações emergenciais ou de imprevistos, repensar processos, encurtar ou eliminar reuniões desnecessárias e aproveitar melhor as comunicações assíncronas, como e-mail ou chat, adotando sempre linguagem acolhedora, gentil e clara. Todas essas iniciativas refletem a necessidade real de mudanças em diversas áreas com a finalidade de manter uma cultura saudável e produtiva. Outra iniciativa que as empresas devem fazer para incentivar o bem-estar é parar de enaltecer os *"workaholics* e os heróis da madrugada", modelo definitivamente insustentável bem característico do universo corporativo tradicional.

Com base nas novas condutas, as políticas estão sendo revistas e ajustadas para garantir que os funcionários se sintam cuidados como seres humanos, assim como suas famílias; também transformando em permanentes as opções de trabalho flexível, investindo em programas de bem-estar e ampliando os esforços de diversidade e inclusão. Empresas e funcionários estão construindo uma nova e mais dinâmica relação baseada em confiança e empatia.

Saúde, Produtividade e Sustentabilidade – Um Modelo para Ação

Os ambientes de trabalho já são mundialmente reconhecidos como um impactante ecossistema que influencia profundamente a saúde e o bem-estar humano, mas também favorece a atuação da promoção da saúde, que é o processo de capacitar pessoas na melhoria e no controle da própria saúde, e que trabalha além do comportamento pessoal, envolvendo uma ampla variedade de intervenções sociais e ambientais. Ela visa aumentar a motivação das pessoas, ajudando-as a mudar seu estilo de vida e seguir em direção a um estado de saúde ideal. Trata-se da evolução do modelo biomédico para as dimensões social, psicológica e comportamental, que se manifestam na Carta de Genebra para o Bem-estar da OMS defendendo uma visão positiva da saúde integrando o bem-estar físico, mental, espiritual e social (OMS, 2021).

Além disso, existem muitos estudos que evidenciam que a implantação de programas de promoção e prevenção nesses ambientes pode trazer resultados efetivos às organizações e às pessoas, pois também é possível abordar fatores de risco para as DCNT (responsáveis por quase três quartos das mortes no mundo segundo relatório da OMS em 2022), realizar prevenção de doenças e agravos, abordar educação para autogestão da saúde, controlar e diminuir custos com assistência médica e assim melhorar a vida de trabalhadores e de suas famílias, a produtividade no trabalho, o bem-estar geral da empresa, além de devolver à sociedade contribuições valiosas. O fator humano é fundamental para a competitividade das organizações. Trabalhadores saudáveis e felizes são mais engajados, produtivos e possuem forte senso de propósito.

Apesar de existir algumas ferramentas disponíveis para auxiliar as empresas neste caminho para a compreensão sobre como atuar de maneira eficiente na saúde e bem-estar dos colaboradores, a maioria ainda está mais restrita aos perigos e riscos ocupacionais, e não abordam um modelo mais abrangente e proativo, que é necessário para a obtenção de resultados e para o desenvolvimento contínuo dos processos. Muitas vezes também são adotadas apenas um conjunto de ações isoladas, fragmentadas, sem o retorno desejado pelas organizações.

Para auxiliar as empresas ao redor do mundo e fornecer um modelo para as instituições, a Organização Mundial de Saúde (OMS), com base no Plano Global de Ação para a Saúde dos Trabalhadores da OMS, 2008-2017, lançou, em abril de 2010, um Modelo Global para Ambientes de Trabalho Saudáveis. Nesse modelo foram reunidas boas práticas globais de êxito e de sólida base científica que são constantemente estudadas e revistas para aplicação nos processos organizacionais, o que permite uma visão mais integrada da saúde, abrindo oportunidades para avanço com consciência e responsabilidade, avaliando locais de trabalho saudáveis nos seguintes contextos:

- Riscos físicos e psicossociais relacionados ao trabalho;
- Promoção e apoio a comportamentos saudáveis;
- Determinantes sociais e ambientais mais amplos.

Assim, o modelo de ação proposto pela OMS possui quatro áreas de influência e aponta cinco chaves para a correta gestão dos programas de promoção e prevenção de saúde e bem-estar a partir de um processo de melhorias contínuas. Esses itens podem ser facilmente visualizados na figura 1 (que segue mais abaixo) e compreendem pontos críticos a serem observados por empresas de todos os mercados e tamanhos.

Outro ponto relevante, que vem ganhando potência atrativa e merece muita atenção é a integração dos programas e projetos organizacionais de maneira estratégica aos ODS, agenda mundial adotada pela Cúpula das Nações Unidas sobre o desenvolvimento sustentável. Ela é composta por 17 objetivos e 169 metas interligadas a serem atingidas até 2030. Eles possuem forte apelo para estimular ações em áreas de grande relevância para a humanidade, além de estarem diretamente ligados ao conceito ESG que integram as dimensões sociais, ambientais e de governança dos negócios, trazendo abordagem sustentável e inclusiva no alinhamento das práticas para o crescimento econômico e geração de bem-estar. Sendo assim, a composição deste modelo, além de um "mapa" que permite a visualização do macroambiente da gestão, sugere reflexões profundas para as empresas de todo o mundo, sobre como elas decidirão agir e atuar dentro deste panorama em plena transformação, cuja necessidade de apoio não é uma opção, é mandatória e imediata.

- **Ambiente Físico de Trabalho** – Questões de segurança e saúde no ambiente físico de trabalho; relacionadas à segurança física do trabalhador como estrutura, ar, equipamentos, produtos, processos de produção, entre outros.

- **Ambiente Psicossocial de Trabalho** – Questões de saúde e bem-estar no ambiente psicossocial de trabalho, incluindo a organização do trabalho e a cultura do ambiente de trabalho; cultura organizacional, atitudes, valores, crenças e práticas diárias na empresa que podem afetar o bem-estar físico e mental dos trabalhadores, incluindo o estresse ocupacional.

- **Recursos para Saúde Pessoal** – Recursos pessoais para a saúde no ambiente de trabalho. Envolve apoio e incentivo do empregador para a adoção de estilo de vida saudável incluindo serviços, informação, flexibilidade e ambiente de suporte.

- **Envolvimento da Empresa com a Comunidade** – Maneiras de participar na comunidade em que opera através da oferta de recursos, conhecimento e suporte para melhorar a saúde e bem-estar das pessoas.

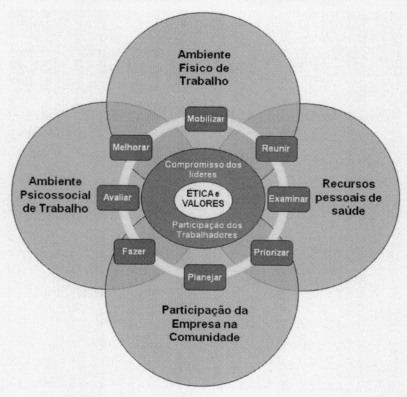

Figura 1 - Modelo de Ambientes de Trabalho Saudáveis da Organização Mundial da Saúde (OMS, 2010)

O modelo de Ambientes de Trabalho Saudáveis proporciona uma abordagem de melhoria contínua, apontando para a necessidade de avaliação, com base na ética e valores da empresa e colocando o envolvimento da liderança e dos trabalhadores como decisivas. Sendo assim, as cinco chaves também propostas pela OMS como mencionado auxiliam a gestão para o desenvolvimento com foco em resultados. São pontos extremamente relevantes para o sucesso das decisões:

Chave 1: Compromisso e engajamento da liderança:

- Sensibilizar e conseguir o comprometimento das principais partes interessadas (lideranças seniores, gestores) para integrar ambientes de trabalho saudáveis aos objetivos, negócio da empresa e seus valores.
- Conseguir permissões, recursos e apoios necessários.
- Reunir e apresentar evidências, desenvolvendo e adotando uma política abrangente, assinada pela autoridade máxima da empresa, que indique claramente que as iniciativas também fazem parte da estratégia de negócio da organização.

Chave 2: Envolvimento dos trabalhadores e seus representantes:

- Os trabalhadores e seus representantes devem ser ativamente envolvidos em cada etapa do planejamento à avaliação, não devendo ser meramente

"consultados" ou "informados", mas considerando suas opiniões, necessidades e ideias. Se possível, incluir CIPAs, comitês de trabalhadores, sindicatos e grêmios recreativos no processo de construção do programa.
- Buscar avaliar a cultura e o clima organizacional.
- Realizar pesquisas de necessidades e interesses e sempre oferecer o feedback para todos os participantes.
- Criar comitês multidisciplinares desde o início do programa.
- Realizar pesquisas e oferecer feedback em tempo oportuno e para todos os participantes.

Chave 3: Ética empresarial e legalidade:
- Exercer o fiel cumprimento da legislação em normas e saúde ocupacional, garantindo a segurança e saúde dos trabalhadores, seus familiares e comunidade como um todo.
- Realizar ações conscientes que não causem agressões ao meio ambiente.
- Garantir a confidencialidade de todas as avaliações e das informações pessoais em saúde. A confiabilidade de todos os envolvidos no processo facilita a adesão aos programas.

Chave 4: Processos sistemáticos amplos para garantir a efetividade e melhoria contínua:

- Avaliar a situação atual e estabelecer as metas futuras. Incluir as informações de uso do plano de saúde, absenteísmo, afastamentos pela Previdência Social, acidentes de trabalho e indicadores de FAP/RAT/NTEP.
- Agregar os recursos necessários. Promover mudanças ambientais que favoreçam a adoção de estilos de vida saudáveis, inclusive nos refeitórios, lanchonetes, ampliando bicicletários, fomentando uso de escadas, entre outros.
- Incluir a atuação da rede participativa, incluindo a operadora de saúde e demais fornecedores.
- Desenvolver prioridades, construir um plano amplo e projetos específicos com a ajuda de especialistas através das boas práticas de mercado. Trabalhar com intervenções e ações de real efetividade.
- Documentar todo o andamento do programa e buscar envolver grande parte da população-alvo. Se necessário, utilizar incentivos para aumentar a participação. Acompanhar e avaliar os fatores de risco periodicamente, assim como a melhoria do nível de saúde da população-alvo. Utilizar o exame periódico de saúde entre as ferramentas.
- Aprimorar os fatores quando os apontamentos indicarem necessidade.

Chave 5: Sustentabilidade e integração:

- Garantir o comprometimento da liderança quanto a considerar saúde, segurança e qualidade de vida como pilares em todas as decisões da organização.
- Integrar as iniciativas no ambiente de trabalho e na estratégia do negócio.
- Garantir a participação multidisciplinar e dos demais departamentos da empresa para maximizar os resultados.
- Utilizar ferramentas de tecnologia adequadas para a gestão do programa, buscando inovar na comunicação e acompanhamento, considerando dispositivos móveis, redes sociais e serviços online.
- Usar métodos e ferramentas adequadas de avaliação de resultados e de custo-efetividade para estabelecer medidas válidas de saúde, prevalência de fatores de risco, prontidão para mudança, custos tributários e previdenciários, padrões de utilização do sistema de saúde e avaliação de presenteísmo, absenteísmo e demais indicadores relevantes para a empresa.
- Avaliar a performance financeira do programa, através da análise do ROI (retorno sobre o investimento) e ampliar para outros indicadores de performance como pode ser feito com o VOI (valor sobre o investimento), considerado por Roemer e Goetzel (2017) como mais importante que o ROI no contexto atual da promoção da saúde. O VOI pode ser medido em quatro grandes categorias: medições de negócios (performance e lucratividade, atração e retenção de talentos); medições de saúde e de cuidados com a saúde (reivindicações médicas e custos, alegações

de incapacidade e custos, segurança, comportamento relacionado à saúde), medições de produtividade (absenteísmo e presenteísmo) e medições humanísticas (ânimo, satisfação no trabalho, nível de energia, relacionamento com colegas, engajamento e satisfação no programa) (ROEMER; GOETZEL, 2017).

- Analisar de modo sistêmico as possíveis influências externas que possam afetar o desempenho adequado do programa.
- Analisar, monitorar e reconhecer a mudança de comportamento através de sistemas de gestão que estabeleçam padrões de comportamento, assim como os objetivos a serem atingidos.

"Promover a saúde no local de trabalho é tanto a coisa certa (ética) quanto a coisa inteligente (agrega valor) a ser feita. Locais de trabalho saudáveis: um modelo de ação. Página 9. © Copyright Organização Mundial da Saúde (OMS), 2010. Todos os direitos reservados."

O modelo mencionado cabe para organizações de todos os tamanhos, setores e mercados. Todos podem abordar as quatro áreas e cinco chaves para suportar programas de saúde e bem-estar abrangentes e assim criarem locais de trabalho realmente saudáveis. Essa abordagem não foca em recursos, mas no pensamento, atitude, organização e prioridades, ou seja, programas de poucos recursos podem também ser aplicados em microempresas e/ou em países de menor renda.

Uma outra abordagem já mencionada acima, que vem trazendo educação para a população sobre as práticas globais de sustentabilidade, pelas quais ela também é responsável, e vem chamando cada vez mais a atenção do mercado, é a integração dos ODS e conceito ESG na estratégia dos negócios. As práticas têm atraído o interesse da comunidade financeira para o uso de critérios relacionados à saúde na análise de investimentos em relação à ESG. Com isso, as principais estruturas e normas internacionais estão adaptando seus padrões, como o caso da Global Reporting Initiative (GRI). Os players globais estão reagindo rapidamente a isso, destacando a saúde e o bem-estar em seus relatórios anuais de sustentabilidade e vinculando seus programas aos Objetivos de Desenvolvimento Sustentável (ODS) das Nações Unidas, neste segmento mais comumente observado nos ODS 3 – "Garantir o acesso à saúde de qualidade e promover o bem-estar para todos, em todas as idades" – e ODS 8 – "Promover o crescimento econômico inclusivo e sustentável, o emprego pleno e produtivo e o trabalho digno para todos". Em detalhes, compreendendo os ODS com maior profundidade, é rico observar que mais conexões podem ser feitas com outros objetivos, como exemplificado nas figuras apresentadas junto às descrições relacionadas às quatro áreas de influência e cinco chaves do modelo da OMS acima mencionadas.

Cultura de Saúde – Do Modelo do Tratamento da Doença para o Modelo da Atenção à Saúde: Desafios e Impactos

O atual momento tem ajudado a promoção da saúde a alcançar novos patamares e ficou nítido o grau de importância da boa capacidade funcional. Já é conhecido que os ambientes de trabalho têm forte influência sobre os comportamentos dos indivíduos. O comprometimento com a saúde e bem-estar passou a ser percebido também como oportunidade de investimento. Uma força de trabalho saudável e produtiva proporciona crescimento e vantagem competitiva.

Uma adequada gestão da saúde corporativa pode assegurar inúmeros benefícios como redução de despesas médicas, aumento da produtividade, retenção de talentos e imagem corporativa positiva. As Iniciativas têm passado por uma verdadeira reengenharia através dos benefícios de saúde que buscam uma linha de cuidados mais satisfatória, o que repercute de maneira positiva no desempenho do empregado.

A construção de uma cultura de saúde, portanto, envolve todos os níveis da organização e os programas devem fazer parte da estratégia de todo negócio. Eles ganham força para serem bem-sucedidos quando abraçam a segurança e a saúde ocupacional desde sua concepção à execução. Essa integração pode aumentar a participação e a eficácia dos programas, influenciando todas as áreas da organização, do trabalho e ambiente.

Por isso, é relevante dar atenção a cada etapa dos processos que envolvem essa dinâmica. Primeiramente, é de extrema importância realizar o planejamento dentro da abordagem populacional, como mencionado no início deste capítulo, estratificando as pessoas de baixo, médio e alto risco e realizando atividades para a manutenção das pessoas saudáveis e redução dos fatores de risco, e também para o controle das doenças. Por isso, realizar a integração efetiva das áreas de assistência (incluindo o plano de saúde), saúde ocupacional e qualidade de vida em programas abrangentes e sistêmicos é crucial para a amplitude e alcance dos programas.

Vale lembrar que entre os desafios ainda estão as questões relacionadas às DCNT, sensíveis aos fatores como a urbanização, o envelhecimento da população e a globalização que têm contribuído para que os determinantes de saúde sejam cada vez mais amplos. As DCNT foram responsáveis por 81% das mortes relacionadas ao trabalho, algumas delas são: doença pulmonar obstrutiva crônica (DPOC), acidente vascular cerebral e doença arterial coronariana (OMS, 2021). A exposição às longas jornadas de trabalho foi associada a aproximadamente 750.000 mortes e a exposição à poluição no local de trabalho a 450.000 mortes, além dos custos significativos. Isso mostra que esses fatores precisam ser monitorados e abordados.

Concomitante, o impacto total na saúde mental, embora ainda não totalmente consolidado, demonstra um aumento de casos de ansiedade, depressão e transtornos mentais. Com isso, outro ponto de atenção está voltado à gestão dos riscos psicossociais. Eles estão relacionados às longas e intensas jornadas de trabalho, discrição e autonomia das tarefas, apoio social, *bullying*, percepção de segurança no ambiente, entre outros fatores cada vez mais reconhecidos como grandes desafios à saúde, segurança e bem-estar no trabalho.

A norma ISO 45003 da International Standards Organization (ISO) fornece orientação sobre a gestão de riscos psicossociais e promoção do bem-estar no trabalho como parte de um sistema de gestão de saúde e segurança ocupacional (SSO) baseado na ISO 45001 (ISO, 2021). A orientação é aplicável em organizações de todos os tamanhos e em todos os setores, para o desenvolvimento, implementação, manutenção e melhoria contínua de locais de trabalho saudáveis e seguros. Esses são motivos mais do que convincentes de que é preciso vencer o desafio de manter e aumentar a participação das pessoas nos programas de saúde, o que pode incluir a inserção de incentivos, adoção de novas tecnologias e mudanças ambientais através da construção de uma "cultura de saúde" na empresa. A internet e as redes em geral se constituem em verdadeiras plataformas para os programas, incentivando a interação com os participantes, o envio de mensagens personalizadas, e ofertando oportunidades de suporte nas tomadas de decisão em estilo de vida. Além disso, cada vez mais o uso de dispositivos móveis tem contribuído para que os participantes possam gerenciar seu estado de saúde, compartilhar os seus avanços e interagir com os profissionais.

Por fim e não menos importante, é mandatório que se reserve um percentual do investimento e esforços para avaliações do impacto e desfechos com a utilização de indicadores válidos e estratégicos, tanto de saúde quanto financeiros. Esse procedimento dará base para correções e avanços amparados por padrões validados pela ciência e pelo mercado.

Muitas empresas já compreenderam que a saúde de seus profissionais é um patrimônio e que o custo da prevenção é sempre menor do que os de indenizações, afastamentos ou tratamentos. Também a alta rotatividade gera altíssimos custos com treinamento e desenvolvimento, e pode inclusive afetar a qualidade de produtos e serviços ofertados pelas organizações. Entre os benefícios para as empresas gerados por esses esforços, alguns merecem destaque como: manutenção da saúde, aumento na produtividade, melhoria da moral, melhoria da imagem, reputação e visibilidade, engajamento dos colaboradores, melhorias de produtos e serviços também em qualidade, redução do absenteísmo, redução do presenteísmo, retenção de talentos, qualidade dos profissionais, melhoria da cultura, redução dos custos com assistência médica, além do aumento significativo do ROI. Para os ambientes de trabalho saudáveis, as vantagens podem ser vistas: no alcance de populações que não têm ou têm pouco acesso à informação de qualidade e outros espaços, fomento e compartilhamento de culturas e propósitos, oferta de acesso a estilos de vida saudáveis, fomento da participação ativa e consciente das pessoas na construção de uma sociedade melhor, apoio social, promoção da sustentabilidade em todos os níveis. A gestão de um local de trabalho saudável é parte integrante da gestão de pessoas e dos princípios e normas que regem práticas de qualidade bem-sucedidas.

Referências

AON GLOBAL WELLBEING SURVEY (2021). Disponível em: https://www.aon.com/global-wellbeing-survey.aspx.

ATUN, R. *et al*. Improving responsiveness of health systems to non-communicable diseases. Lancet, 2013.

CENTERS FOR DISEASE CONTROL AND PREVENTION. Workplace Health in America 2017. Atlanta, GA: Centers for Disease Control and Prevention, U. S. Department of Health and Human Services, 2018.

EDINGTON, D. Emerging research: a view from one research center. Am. J. Health Prom. 15:341-349, 2001.

FABIUS, R. *et al*. The Link Between Workforce Health and Safety and the Health of the Bottom Line: Tracking Market Performance of Companies That Nurture a "Culture of Health – J. Occup. Environ. Med., 2013.

FABIUS, LOEPPKE, R. HOHN, T. *et al*. Tracking the Market Performance of Companies that Integrate a Culture of Health and Safety: An Assessment of Corporate Health Achievement Award Applicants. J. Occup. Environ. Med., v. 58, n. 1.

GALLAGHER. State of the Sector 2022/23 – Internal Communication and Employee Experience Findings from the 2022/23 survey — Global Edition. Disponível em: www.ajg.com/stateofthesector

GALLUP. State of the Global Workforce Report. 2022.

GAZIANO, T. A.; PAGIDIPATI, N. Scaling Up Chronic Disease Prevention Interventions in Lower and Middle--Income Countries – Ann. Rev. Public Health, 2013.

GLOBAL CENTRE FOR HEALTHY WORKPLACES. Global Healthy Workplace Awards. Disponível em: https://www. globalhealthyworkplace.org/awards.

HARVARD LAW SCHOOL FORUM ON CORPORATE GOVERNANCE. Introduction to ESG. Disponível em: https:// corpgov.law.harvard.edu/2020/08/01/introduction-to-esg/. 2020.

INTERNATIONAL STANDARDS ORGANISATION (ISO). Occupational health and safety management – Psychological health and safety at work – Guidelines for managing psychosocial risks. 2021. ISO 45003:2021 (en). Disponível em: https://www.iso.org/obp/ui/#iso:std:iso:45003:ed-1:v1:en.

LOEPPKE, R. *et al.* The Association of Technology in a Workplace Wellness Program With Health Risk Factor Reduction – J. Occup. Environ. Med., 2013. MATTKE, S.

LOEPPKE, R.; TAITEL, M.; HAUFLE, V. *et al.* Health and Productivity as a Business Strategy: A Multi-Employer Study. J. of Occ. Env. Med., v. 51, n. 4, p. 411-428, 2009.

SCHNYER, C.; BUSUM, K. V. A Review of the U.S. Workplace Wellness Market – Rand Corporation, 2013.

MCKINSEY HEALTH INSTITUTE. In sickness and in health: How health is perceived around the world. 2022. Disponível em: https://www.mckinsey.com/mhi/our-insights/in-sickness-and-in-health-how-health-is-perceivedaround-the-world.

MATTKE, S. *et al.* Workplace Wellness Programs Study Final Report – Rand Corporation, 2013.

NIOSH. Research Compendium: The NIOSH Total Worker Health Program: Seminal Research Papers 2012.

Washington, DC: U.S. Department of Health and Human Services, Public Health Service, Centers for Disease Control and Prevention, National Institute for Occupational Safety and Health, DHHS (NIOSH) Publication No. 2012-146, 2012 May:1- 214.

OGATA, A. J. N.; SIMURRO, S. A. B; ABQV – Associação Brasileira de Qualidade de Vida – Temas Avançados em Qualidade de Vida – Gestão de Programas de Qualidade de Vida – Manual Prático para Profissionais Brasileiros – v. 2, 2015.

OGATA, A. J. N.; ABQV – Associação Brasileira de Qualidade de Vida – Temas Avançados em Qualidade de Vida, v. 5, 2017.

PRONK, N. (ed.) – ACSM's Worksite Health Handbook: a guide to building healthy and productive companies/ American College of Sports Medicine- 2nd ed. – Human Kinetics, 2009.

REUTERS. Mental health issues cost Indian firms $14 bln a year. Disponível em: https://www.reuters.com/world/ india/mental-health-issues-cost-indian-firms-14-bln-year--deloitte-2022-09-08/?taid=631a1c170e77c600016659 07&utm_campaign=trueAnthem:+Trending+Content&u tm_medium=trueAnthem&utm_source=twitter.

ROEMER, E. C. *et al.* Reliability and validity of the CDC Worksite Health ScoreCard: an assessment tool to help employers prevent heart disease, stroke and related health conditions – J. Occup. Environ. Med., 2013.

UNITED NATIONS. Sustainable Development Goals. Disponível em: https://sdgs.un.org/goals.

WHO. CORONAVIRUS (COVID-19). Dashboard. Disponível em: https://covid19.who.int/.

WHO. MENTAL HEALTH AND COVID-19: Early evidence of the pandemic's impact: Scientific brief, [s. l.].

WHO. Invisible numbers: the true extent of noncommunicable diseases and what to do about them. Geneva: World Health Organization, 2022.

WORLD HEALTH ORGANIZATION – 2008-2013 action plan for the global strategy for the prevention and control of non-communicable diseases: prevent and control cardiovascular diseases, cancers, chronic respiratory diseases and diabetes – World Health Organization, 2008.

WORLD HEALTH ORGANIZATION – World Health Statistics, 2013 – Geneva, WHO Press, 2013.

WORLD HEALTH ORGANIZATION. Geneva Charter for Wellbeing. Disponível em: https://www.who.int/publications/m/item/the-geneva-charter-for-well-being (unedited), 2021.

Anna Freitas Jornalista – Especialista em Comunicação com o Mercado por Meios Digitais pela FGV-SP e Branding pela ESPM-SP. Na área de saúde, bem-estar e qualidade de vida, especializou-se em Wellness pela Wellcoaches Corporation e ACSM (US), em Gestão Estratégica da Promoção da Saúde e Qualidade de Vida Organizacional pela Universidade São Camilo/ABQV – SP.

CAPÍTULO 10

Cuidando do Seu Corpo no Trabalho: Estratégias Fisioterapêuticas para Prevenir Lesões e Dor

Maylla Suyanni Alves Guedes

"Manter o corpo em boa saúde é um dever... caso contrário, não seremos capazes de manter a mente forte e clara."
Buda

O local de trabalho é o ambiente onde passamos grande parte de nossas vidas, e sua influência na saúde física e mental é significativa. Uma abordagem integral à saúde no local de trabalho que reconhece a interconexão entre o bem-estar físico e mental gera a promoção da saúde em ambos os aspectos.

Para isso é possível abranger várias áreas como a ergonomia e espaços de relaxamento, palestras sobre promoção à saúde, implementação de incentivos ao cuidado e treinamento adequado em segurança.

"Mas trabalhar sentado o dia inteiro é ótimo, as pessoas não se cansam fisicamente." Quantas vezes já ouvimos isso?!

Trabalhar sentado envolve resistência muscular, quando a pessoa não realiza atividade física para obtê-la, sentirá fadiga, principalmente das musculaturas quem envolvem a coluna, ombros e braços (Daneshmandi, 2017).

Com a necessidade, como ocorreu na pandemia em 2020, de realizar trabalho de casa e hoje com a possibilidade que muitas empresas oferecem de permanecer nesse sistema, há pontos positivos e negativos. Eles serão tratados de acordo com as preferências de cada indivíduo, por exemplo: uma pessoa sedentária por não ter que se deslocar para o trabalho pode usar esse tempo para realizar ainda menos movimentos, como ficar mais tempo na cama. Já a que gosta de atividades usará para aumentar seu tempo de treino ou experimentar um novo esporte.

Existe uma Postura Ideal?

Sim! A postura ideal é aquela que é confortável para cada indivíduo, ou seja, não existe um molde, mesmo porque precisamos considerar as características individuais e as condições de saúde de cada pessoa. Mas isso não significa que você pode permanecer em posições inadequadas por longos períodos.

A postura se refere à posição e ao alinhamento do corpo em relação ao espaço e à gravidade. É a maneira como uma pessoa mantém seu corpo em diversas atividades, como ficar em pé, sentar, deitar e se mover. Uma boa postura envolve o alinhamento adequado das várias partes do corpo para que a carga seja distribuída de maneira equilibrada, minimizando o estresse sobre os músculos, ligamentos e articulações.

Uma pessoa que trabalha sentada oito horas por dia não conseguirá manter uma postura ereta por todo esse tempo, pois há fadiga muscular principalmente das musculaturas intrínsecas, de sustentação (Baker, 2018). Então, modificações de posições começam a ser feitas, o problema é o tempo que a pessoa mantém essa posição que pode causar sobrecarga mecânica. A principal delas é a dor lombar, conhecida tecnicamente como lombalgia.

Em muitos casos a pessoa já criou adaptações que passa a não perceber que gera sobrecarga constante. O tratamento começa com educação desse paciente para que ele ganhe consciência corporal, alongamento de musculaturas encurtadas e fortalecimento das musculaturas responsáveis por sustentação.

O que é Dor Crônica?

Em termos de classificação, a dor pode ser basicamente aguda ou crônica.

A dor aguda é geralmente de curta duração e ocorre de repente em resposta a uma lesão, doença ou condição específica. É muitas vezes descrita como intensa e agulhada (Afridi, 2021). Exemplos incluem dor após uma lesão, seja ela contusão, queda, batida ou pós-cirurgia.

Já a dor crônica é persistente, mas não necessariamente constante e tem duração prolongada, geralmente mais de três meses. Além disso, ela pode variar em intensidade (leve e moderada na maior parte dos casos e intensa em alguns), qualidade (latejante, ardente ou em queimação, em formigamento, pressão) e localização (concentrada ou com irradiação) (Scholz, 2019). Pode resultar de doenças prévias, como artrite, fibromialgia ou neuropatia, e pode ser debilitante, afetando a qualidade de vida das pessoas, caso não seja controlada.

Imagine que você torceu o tornozelo durante uma corrida, sentiu dor intensa e em agulhada. Após exames físicos e de imagem, foi constatada ruptura de algumas fibras de ligamentos, não havendo necessidade de cirurgia, o tratamento consiste em medicação para dor, imobilização do tornozelo por alguns dias e tratamento fisioterapêutico. Porém, como você não sente mais dor, achou que não precisa ir ao fisioterapeuta e voltou a caminhar sem realizar reabilitação. Nesse período houve uma mudança na biomecânica da marcha devido ao tempo que o tornozelo esteve imobilizado e, ao voltar a caminhar sem imobilizador, sentiu uma dor diferente, latejante e em pressão. Se não for realizada a reabilitação corretamente, essa dor, que deveria durar apenas alguns dias, pode se tornar crônica, muitas vezes se manter leve, porém com duração prolongada, o que pode impossibilitar o retorno ao esporte, estudos ou ao trabalho e até mesmo uma nova lesão.

E muito se engana quem pensa que dor crônica é resultado apenas de uma alteração física. Aspectos emocionais, psicológicos e sociais também podem influenciar a percepção e a experiência da dor (Raja, 2020).

Catastrofização da Dor

"Um conjunto de processos mentais negativos exagerados que surgem durante uma experiência de dor real ou antecipada" (Michael Sullivan).

A catastrofização em dor é um fenômeno complexo que desempenha um papel significativo na experiência de dor de muitas pessoas. Ela se refere a um padrão de pensamento em que um indivíduo amplifica e exagera a gravidade de sua dor, antecipando o pior cenário possível. Esses pensamentos podem levar a uma sensação de desamparo e desesperança, piorando ainda mais a experiência de dor e afetar negativamente a qualidade de vida.

A pessoa pode evitar atividades que costumava desfrutar, mesmo antes de tentar realizá-las, porque acredita que a dor será insuportável, o que pode levar gradativamente à redução de atividades, isolamento social e à depressão.

Felizmente, a catastrofização da dor pode ser abordada e tratada com educação em dor, como veremos mais para frente e com abordagem psicológica para identificar a causa desse comportamento (Sullivan, 2023).

Importante mencionar que, se não for tratada de forma multidisciplinar, o paciente pode ter prejuízo na reabilitação física. Como no caso de uma paciente que não foi possível realizar o tratamento pós-cirúrgico devido à catastrofização da dor que ela sentia. O medo foi tamanho que mesmo ela já conhecendo o aparelho de eletroanalgesia, com todo o procedimento sendo informado, ela gritou relatando que a intensidade do aparelho estava muito forte, porém o aparelho ainda nem sequer tinha sido ligado na tomada. A paciente foi encaminhada para o psiquiatra, que corroborou com a decisão de interromper o tratamento fisioterapêutico.

O que Causa dor Crônica?

As causas da dor crônica são frequentemente interligadas, tornando a identificação precisa e o tratamento desafiador. Algumas das principais causas que contribuem para o desenvolvimento da dor crônica (Teixeira, 2018) são:

1. Traumas físicos anteriores: quedas, lesões esportivas, traumas decorrentes de acidentes automobilísticos e cirurgias prévias podem resultar em danos aos tecidos moles, nervos e estruturas ósseas. Mesmo após a cicatrização, a dor pode persistir devido à inflamação crônica.

2. Doenças autoimunes: artrite, fibromialgia, esclerose múltipla, síndrome do intestino irritável e enxaqueca podem causar dor constante ou intermitente. Essas condições frequentemente envolvem inflamação persistente ou disfunção dos sistemas do corpo.

3. Dor neuropática: Lesões ou disfunções nos nervos podem resultar em dor neuropática crônica. Isso pode ocorrer devido a condições como neuropatia diabética, neuralgia pós-herpética e síndrome do túnel do carpo.

4. Inflamação crônica: Processos inflamatórios de longa duração, muitas vezes associados a doenças autoimunes, podem causar dor persistente. A inflamação crônica irrita os tecidos circundantes e pode levar a alterações nas vias de sinalização da dor.

5. Mudanças na sensibilização central: Algumas condições, como a síndrome da dor regional complexa (SDRC), envolvem alterações na sensibilidade dos nervos e na percepção da dor no cérebro, mesmo quando não há lesões ativas.

6. Fatores psicossociais: Aspectos emocionais e psicológicos, como o estresse crônico, ansiedade e depressão podem amplificar a percepção da dor. Esses fatores podem influenciar na maneira como o cérebro processa e responde aos estímulos dolorosos.

7. Má postura e uso excessivo: Hábitos de má postura ou uso excessivo de certas partes do corpo podem levar ao desenvolvimento de dor crônica. Isso é particularmente comum em trabalhadores que realizam movimentos repetitivos ou mantêm posições inadequadas por longos períodos.

8. Lesões não diagnosticadas: Lesões menores ou microtraumas podem não ser diagnosticadas imediatamente, mas ao longo do tempo podem se tornar fontes de dor crônica, especialmente se não forem tratados corretamente.

9. Genética e predisposição: Algumas pessoas podem ter predisposição genética para desenvolver dor crônica devido à forma como seus corpos respondem à inflamação, sensibilidade à dor e reparo tecidual.

10. Síndrome de *Burnout*: Um estado de esgotamento físico e emocional resultante de um alto nível de estresse crônico no trabalho. Afeta indivíduos que estão sobrecarregados com demandas profissionais intensas e prolongadas e que frequentemente sentem que não têm controle sobre sua carga de trabalho (Zheng, 2023).

Além de todas essas causas, ainda há o sedentarismo, que é um comportamento caracterizado pela falta de atividade física regular ou pela participação insuficiente em atividades físicas que promovem o condicionamento físico e a saúde. Isso significa que uma pessoa sedentária tende a usar seu tempo em comportamentos que envolvem pouca ou nenhuma atividade física, como estar sentado por longos períodos, assistir à televisão, usar o computador, jogar videogames ou realizar outras atividades que envolvem pouco movimento.

O sedentarismo é considerado um dos principais fatores de risco para uma série de problemas de saúde, incluindo obesidade, doenças cardiovasculares, diabetes tipo II, hipertensão e distúrbios musculoesqueléticos.

Sendo assim, podemos considerar que a prática de um programa de exercícios em indivíduos sedentários está relacionada com a melhora da capacidade mental (Díaz-Benito, 2022).

Causas mais Frequentes de Afastamento do Trabalho

As duas maiores causas de afastamento do trabalho, segundo o Instituto Nacional do Seguro Social (INSS), estão relacionadas com dores crônicas e transtornos mentais.

Dores

Dor na coluna: pode ocorrer em região dorsal e cervical, mas é mais comumente na lombar com possibilidade de irradiação para quadris e membros inferiores.

As lesões por esforço repetitivo – LER's –, que são as famosas tendinites, concentram-se nos ombros, cotovelos e punhos, e, como o nome diz, ocorrem por repetição de movimentos, como ao usar em demasiado o mouse e teclado do computador e também o celular.

Dor nos joelhos: como o tempo na posição sentada é longo, consequentemente os joelhos também se mantêm por muito tempo em flexão (dobrados) o que prejudica a cartilagem entre o fêmur e a patela, podendo causar o que chamamos de síndrome da dor femoropatelar.

Transtornos Mentais

Depressão e outros transtornos mentais, como ansiedade e estresse relacionados à vida profissional, como estagnação, ambiente tóxico, más condições de trabalho com volume excessivo de tarefas. E à vida pessoal, como falta de perspectiva quanto aos relacionamentos, suporte a familiares que necessitam de cuidados e isolamento social.

A dor crônica pode intensificar ainda mais o estresse e a ansiedade no local de trabalho. Os indivíduos que sofrem de dor constante muitas vezes lutam para encontrar alívio, o que pode levar a sentimentos de frustração, desamparo e resultar em depressão.

Com isso entendemos que a dor crônica pode ter várias implicações. Em primeiro lugar, a produtividade pode ser significativamente reduzida, já que os trabalhadores podem encontrar dificuldade em se concentrar para realizar suas tarefas de maneira eficiente e consistente. Em segundo lugar, o trabalhador, tende a precisar ser afastado do trabalho.

Como o Indivíduo Chega Emocionalmente ao Consultório de Fisioterapia

Sentir dor já é uma experiência desagradável, por tempo prolongado se torna ainda pior.

O tratamento de uma disfunção crônica geralmente leva um tempo considerável. O fisioterapeuta acompanha o paciente e escuta suas queixas físicas, mas muitas vezes percebemos que esse paciente precisa de acompanhamento psicológico, pois a dor afetou outros setores de sua vida e muitas vezes podemos observar tristeza, raiva e desânimo. Estamos ali também para escutar e ajudá-lo até certo ponto, mas muitas vezes o encaminhamento para o profissional especializado se faz necessário.

Porém, infelizmente, muitas vezes encontramos uma barreira cultural. Embora a orientação da procura de um profissional especializado de saúde mental ocorra após a escuta desse paciente e explicação do porquê esse encaminhamento, a resistência de muitos é nítida, suas crenças não os deixam aceitar que no momento um profissional de saúde mental é tão essencial quanto o que está cuidando do físico.

Tratamento

Como visto, a dor crônica é complexa e seu tratamento não poderia ser diferente, ou seja, uma abordagem multidisciplinar se faz necessária, o que resulta em melhora mais rápida.

Os profissionais envolvidos podem ser fisioterapeuta, médicos, psicólogo e terapeutas para manejo do estresse que utilizem técnicas de massagem e meditação. A abordagem do tratamento depende da causa subjacente da dor, das necessidades individuais do paciente e da combinação de fatores que contribuem para sua experiência de dor crônica.

Com isso é possível dizer que não existe uma receita para ser distribuída, o trabalhador precisa ser avaliado e, mediante isso, os profissionais escolherão as melhores terapias para compor o tratamento.

Estratégias para Evitar ou Manejar a Dor Crônica Dentro e Fora do Ambiente de Trabalho

Educação em Dor

A educação em dor é um processo que visa fornecer informações e conhecimento aos pacientes e cuidadores sobre a natureza da dor, suas causas, mecanismos e opções de tratamento disponíveis. Ela capacita as pessoas a compreenderem e participar do gerenciamento da sua própria dor, o que pode ser fundamental para lidar com ela de forma eficaz (Bennell, 2018).

No passado os tratamentos fisioterapêuticos eram vistos apenas como a realização de terapias passivas, seja terapia manual (mobilizações articulares, liberação de tecidos tensionados), eletrotermofototerapia (laser, ultrassom, ondas curtas e correntes analgésicas) e alguns alongamentos básicos, que seriam feitos duas a três vezes por semana na clínica; enquanto isso, todo o resto do tempo do paciente continuaria a ser usado da mesma forma, incluídos os estímulos nocivos, sendo a grande parte delas na esfera laboral. Felizmente esse cenário mudou e hoje sabemos que muito mais pode e deve ser feito para vencer o quadro de dor, além da participação do paciente ser de extrema importância para o sucesso de recuperação e, quando aplicável, reabilitação.

Porque o Indivíduo Sente essa Dor?

O paciente precisa entender o que está acontecendo com ele.

Com uso de uma linguagem acessível e apoio visual (imagens, vídeos, modelos anatômicos), afinal o paciente não precisa aprender termos técnicos, é necessário explicar fisiologicamente o que está causando a dor e que ela pode também estar associada a algum fator emocional.

Encorajar o paciente a fazer perguntas também é uma boa estratégia para ter certeza de que ele compreendeu o que foi explicado.

Hábitos

Maus hábitos também podem colaborar com a origem, manutenção e exacerbação da dor. Não é possível um indivíduo trabalhar o dia inteiro sentado na posição ideal. Como consequência, as pessoas fazem uso de posturas inadequadas por tempo prolongado. Mais para frente veremos técnicas de movimentos para incorporar no trabalho.

O básico para o bem-estar precisa ser alinhado, afinal somos um ser sistêmico, por isso o conjunto deve ser abordado. Sono desregulado, má alimentação, desidratação e estresse comprometem o resultado de qualquer tratamento.

Importância da Participação do Paciente no seu Tratamento

Após essa abordagem, o paciente precisa entender que a participação responsável e consciente dele no tratamento é parte fundamental para o sucesso do seu bem-estar.

O fisioterapeuta é o agente que investiga os maus hábitos, orienta como modificar e instruir o paciente para realizar o complemento do tratamento fora da clínica.

Reflita comigo: você passa 40 horas por semana sentado, trabalhando? Além disso, há também as horas em que está sentado para se alimentar, dirigir, momentos de lazer (como ler, assistir um filme). Falando de grosso modo, a semana tem 168 horas, se você realizar um tratamento fisioterapêutico ou optar apenas por sessões de relaxamento (sem juízo de valor, alguns indivíduos acreditam que apenas massagem irá resolver sua queixa do sintoma dor) de duas a três horas por semana, sem mudar seus hábitos em todo o resto das horas semanais, acha mesmo que haverá mudança significativa de melhora de seu quadro?

Certamente você está com problema porque adquiriu hábitos errôneos. Se continuar a fazê-los, seu problema será minimizado devido ao tratamento em clínica, porém, ao parar o tratamento, tudo voltará como de início. Por isso é tão importante a participação consciente do paciente no tratamento. O indivíduo deve ser o maior interessado no seu bem-estar. Logo, deve seguir todas as orientações do profissional escolhido, conversando com ele sobre dúvidas e adaptações, caso não possa realizar como foi orientado.

Atendo um caso, que usarei como exemplo, de um paciente que sentia muita dor nos músculos trapézios superiores, que ficam acima dos ombros. Ele disse que essa musculatura estava sempre tensa, pareciam pedras, pois, devido à tensão no trabalho, ele mantinha os ombros elevados por muito tempo, com isso começou sentir dor ao levantar os braços e dor de cabeça constante. Além do tratamento em consultório, orientei o paciente que fizesse pausas, mobilizasse os ombros, cervical e braços, principalmente, mas também todo o resto do corpo, se possível. Nosso combinado foi que pelo menos as três principais regiões fossem mobilizadas todos os dias. Em uma outra consulta ele disse que fez no dia seguinte, mas nos outros esqueceu. Então desenhei em um *post it* um boneco (círculo, três traços, com duas setas nos ombros apontando para baixo) e enfatizei para ele colar no computador.

Na semana seguinte ele disse que não só fazia com a frequência que solicitei e que estava bem melhor, repassando as orientações aos seus colegas de trabalho, que também fizeram o mesmo e relataram melhora da tensão muscular.

Planejamento de Metas

Meta é uma ferramenta palpável para mostrar para o paciente aonde e quando queremos chegar.

Posso usar como exemplo uma paciente de 64 anos que sente dor lombar crônica. Questionada sobre o que sente falta de fazer devido à dor, foi relatado que gostaria de poder pegar a neta no colo, cozinhar, voltar a fazer uma hora de caminhada por dia e, se possível, dançar e viajar.

Esse é o caso de uma paciente que gosta de estar em movimento. Então, pegamos o objetivo de voltar a realizar caminhada e traçamos como meta que, ao sentir dor quatro na escala visual numérica de dor (um a dez, sendo dez a dor mais intensa), iríamos iniciar uma caminhada leve de cinco minutos; se ficasse bem, ela iria realizar esse mesmo tempo sozinha. E iríamos aumentar progressivamente esse tempo conforme sua evolução. Assim foi feito com as demais metas. O comprometimento da paciente com sua melhora, vencer cada meta, era o combustível para continuar o tratamento. E essa estratégia pode e deve ser aplicada a qualquer indivíduo, independentemente da idade, estando ou não em condição ativa profissionalmente.

Ergonomia

Muito se fala sobre escolher um bom colchão, pois passamos boa parte da vida sobre um, porém outra boa parte da vida de quem trabalha sentado é sobre uma cadeira. Então, nada mais lógico que ela seja a mais confortável e ergonômica possível. Lembre-se, é sobre sua saúde que estamos falando.

Se o uso de duas telas for necessário, o ideal é que a cadeira tenha rodinhas para o correto direcionamento do corpo.

É condição mandatória que as adaptações em razão do conforto e postura sejam priorizadas como: apoio para os pés, uma pequena almofada nas costas modificando a altura durante o dia para ter diferentes estímulos nos músculos. A tela do computador deve estar na altura dos olhos, os braços e punhos apoiados.

Automassagem em musculaturas da cervical e ombros, além de mobilizações articulares e neurais específicas devem ser feitas frequentemente. Sendo esses últimos de suma importância aprender com um profissional especializado.

Movimente-se Durante a Jornada de Trabalho

Aproveite as pausas, como as de ir ao banheiro, beber água e almoçar para se movimentar e contribua para diminuição de fadiga e dor muscular (Alqhtani, 2023). Deixar para fazer isso apenas em um momento do dia é um erro.

- Respire fundo para contribuir com uma melhor oxigenação do corpo;

- Faça movimentos lentos com a cabeça, ombros e punhos, em seguida com os tornozelos;
- Massageie suavemente a musculatura de ombros e cervical;
- Levante-se;
- Mobilize o quadril levando-o para frente e para trás;
- Com as mãos na região posterior dos quadris, leve o tronco para trás e olhe para cima, retorne, agora leve o tronco e um dos braços para um lado e depois faça o mesmo para o outro lado;
- Com uma perna bem à frente da outra e joelho flexionado (dobrado), estenda (estique) a perna de trás e mantenha por alguns segundos. Troque a posição das pernas e repita o movimento;

O fortalecimento muscular não é citado aqui, pois os intervalos durante o trabalho são muito curtos; além disso, carga, repetição e músculos abordados são muito individuais. Esses devem ser tratados em outro ambiente e com acompanhamento profissional.

O Poder da Atividade Física no Combate à Dor Crônica

Temos basicamente dois conjuntos de exercícios, os anaeróbios e os aeróbicos.

A atividade anaeróbica se refere ao exercício físico que ocorre em condições nas quais o corpo não consegue fornecer oxigênio suficiente para atender à demanda metabólica durante a atividade. Isso resulta na produção de energia sem o uso de oxigênio. Nesse caso, o corpo irá utilizar substâncias presentes no corpo (ATP-CP e glicose) para a geração de energia. Com isso pode ocorrer a produção de ácido lático nos músculos, resultando na conhecida queimação local. São exercícios que irão trabalhar força muscular e gerar alívio da dor como em paciente com osteoartrose de joelho (Fransen, 2015).

Os exercícios aeróbicos são atividades de baixa a moderada intensidade que podem ser mantidas por períodos prolongados. Eles envolvem o uso de oxigênio para produzir a energia necessária para sustentar a atividade física. São exercícios de resistência, que levam à liberação de endorfinas, substâncias químicas naturais do cérebro que proporcionam sensação de bem-estar e alívio do estresse como encontrado por Rodríguez-Almagro (2023) em estudo com paciente com fibromialgia. Além de outros benefícios como: melhora do condicionamento cardiovascular e pulmonar, aumento da resistência e controle do peso.

Exemplos de atividades aeróbicas: caminhar, correr, pedalar, nadar, dançar, jogar futebol, vôlei, basquete, tênis...

Isso nos leva a entender que pessoas com dor crônica tem alta necessidade de se movimentar e se beneficiam de programas físicos (Miyamoto 2013).

"Mas eu sinto dor!" O movimento precisa acontecer assim mesmo, respeitando, claro, seu limite. É o movimento que vai ajudar a diminuir e, em muitos casos, até eliminar a dor (Jadhakhan, 2023).

Quem tem dor crônica não pode esperar ficar sem dor para começar a se movimentar. Perceba que falo em movimento, não estou dizendo para ir para a academia puxar peso. O profissional escolhido irá orientá-lo na melhor maneira de iniciar.

Implementação de Medidas de Saúde nas Empresas

As empresas têm papel fundamental no bem-estar dos seus profissionais. E essas ações podem ser ofertadas através de programas de saúde e bem-estar. Mas, claro, a escolha dos programas irá depender das necessidades e recursos da empresa.

Essas são algumas ideias do que pode ser implementado:

- Palestras sobre prevenção de lesões, atualização sobre movimentos e automassagem, alimentação saudável, cuidados com o sono;
- Programas de saúde e bem-estar mental e de relaxamento;
- Oferecer planos ou descontos em academia, ou uma área no trabalho em que o profissional possa realizar alguma atividade física;
- Programas de incentivo antitabagismo;
- Participação em desafios semanais, como tabela com movimentos físicos realizados e ingestão adequada de água e alimentos saudáveis;
- Incentivar a participação em grupos de corridas.

Reitero que os programas de saúde e bem-estar devem ser personalizados de acordo com as necessidades e interesses dos trabalhadores e as empresas, e podem variar em termos de intensidade e duração. Além disso, é de suma importância monitorar os resultados para avaliar o impacto desses programas.

Empresas que investem na promoção da saúde física e mental geralmente experimentam maior satisfação dos profissionais, maior produtividade e menor absenteísmo (Michishita, 2017). Sendo assim, criar um ambiente de trabalho que valorize e promova a saúde em todos os aspectos é uma estratégia valiosa para o sucesso organizacional e o bem-estar dos colaboradores.

Referências

AFRIDI, B.; KHAN, H; AKKOL, E. K.; ASCHNER, M. Pain Perception and Management: Where do We Stand? Curr Mol Pharmacol. 2021; 14(5):678-688. doi: 10.2174/1874467213666200611142438.

ALQHTANI, R. S.; AHMED, H.; ALSHAHRANI, A.; KHAN, A. R.; KHAN, A. Effects of Whole-Body Stretching Exercise during Lunch Break for Reducing Musculoskeletal Pain and Physical Exertion among Healthcare Professionals. Medicina (Kaunas). 2023, May. 10;59(5):910. doi: 10.3390/medicina59050910.

BAKER, R.; COENEN, P.; HOWIE, E.; WILLIAMSON, A.; STRAKER, L. The Short Term Musculoskeletal and Cognitive Effects of Prolonged Sitting During Office Computer Work. Int J. Environ. Res. Public. Health. 2018 Aug 7;15(8):1678. doi: 10.3390/ijerph15081678.

BENNELL, K. L.; NELLIGAN, R. K.; RINI, C.; KEEFE, F. J.; KASZA, J.; FRENCH, S.; FORBES, A.; DOBSON, F.; ABBOTT, J. H.; DALWOOD, A.; HARRIS, A.; VICENZINO, B.; HODGES, P. W.; HINMAN, R. S. Effects of internet-based pain coping skills training before home exercise for individuals with hip osteoarthritis (HOPE trial): a randomised controlled trial. Pain. 2018 Sep;159(9):1833-1842. doi: 10.1097/j.pain.0000000000001281.

DANESHMANDI, H.; CHOOBINEH, A. R.; GHAEM, H.; ALHAMD, M.; FAKHERPOUR, A. The effect of musculoskeletal problems on fatigue and productivity of office personnel: a cross-sectional study. J. Prev. Med. Hyg. 2017 Sep.; 58(3): E252-E258.

DÍAZ-BENITO, V. J.; MORO, M. I. B.; VANDERHAEGEN, F.; REMÓN, ÁLC.; LOZANO, JAS.; FERNÁNDEZ-POLA, E. C.; PÉREZ, J. P. H. Intervention of physical exercise in the workplace on work ability, depression, anxiety and job satisfaction in workers with sedentary tasks. Work. 2022;72(3):921-931. doi: 10.3233/WOR-210300.

FRANSEN, M.; MCCONNELL, S.; HARMER, A. R.; VAN DER ESCH, M.; SIMIC, M.; BENNELL, K. L. Exercise for osteoarthritis of the knee: a Cochrane systematic review. Br. J. Sports Med. 2015, Dec.; 49(24): 1554-7. doi: 10.1136/bjsports-2015-095424.

JADHAKHAN, F.; SOBEIH, R.; FALLA, D. Effects of exercise/physical activity on fear of movement in people with spine-related pain: a systematic review.

Front Psychol. 2023 Jul. 27;14:1213199. doi: 10.3389/fpsyg.2023.1213199.

MICHISHITA, R.; JIANG, Y.; ARIYOSHI, D.; YOSHIDA, M.; MORIYAMA, H.; YAMATO, H. The practice of active rest by workplace units improves personal relationships, mental health, and physical activity among workers. J Occup Health. 2017 Mar. 28;59(2):122-130. doi: 10.1539/joh.16-0182-OA. Epub 2016 Dec 15.

MIYAMOTO, G. C.; COSTA, L. O.; GALVANIN, T.; CABRAL, C. M. Efficacy of the addition of modified Pilates exercises to a minimal intervention in patients with chronic low back pain: a randomized controlled trial. Phys Ther. 2013 Mar.; 93(3):310-20. doi: 10.2522/ptj.20120190.

RODRÍGUEZ-ALMAGRO, D.; DEL MORAL-GARCÍA, M.; LÓPEZ-RUIZ, M. D. C.; CORTÉS-PÉREZ, I.; OBRERO-GAITÁN, E.; LOMAS-VEGA, R. Optimal dose and type of exercise to reduce pain, anxiety and increase quality of life in patients with fibromyalgia. A systematic review with meta-analysis. Front Physiol. 2023 Apr. 12;14:1170621. doi: 10.3389/fphys.2023.1170621.

SCHOLZ, J.; FINNERUP, N. B.; ATTAL, N.; AZIZ, Q.; BARON, R.; BENNETT, M. I.; BENOLIEL, R.; COHEN, M.; CRUCCU, G.; DAVIS, K. D.; EVERS, S.; FIRST, M.; GIAMBERARDINO, M. A.; HANSSON, P.; KAASA, S.; KORWISI, B.; KOSEK, E.; LAVAND'HOMME, P.; NICHOLAS, M.; NURMIKKO, T.; PERROT, S.; RAJA, S. N.; RICE, A. S. C.; ROWBOTHAM, M. C.; SCHUG, S.; SIMPSON, D. M.; SMITH, B. H.; SVENSSON, P.; VLAEYEN, J. W. S.; WANG, S. J.; BARKE, A.; RIEF, W.; TREEDE, R. D. Classification Committee of the Neuropathic Pain Special Interest Group (NeuP-

SIG). The IASP classification of chronic pain for ICD-11: chronic neuropathic pain. Pain. 2019 Jan.;160(1):53-59. doi: 10.1097/j.pain.0000000000001365.

SULLIVAN, M. J.; TRIPP, D. A. Pain Catastrophizing: Controversies, Misconceptions and Future Directions. J Pain. 2023, Jul. 11:S1526-5900(23)00471-6. doi: 10.1016/j.jpain.2023.07.004. Epub ahead of print.

TEIXEIRA, M. J. (org..) *et al.* Dor – Manual Para o Clínico, 2. ed., Rio de Janeiro, Atheneu, 2018.

ZHENG, B.; CHEN, F.; WANG, J.; DENG, H.; LI, J.; ZHOU, C.; YE, M. The Prevalence and Correlated Factors of Occupational Stress, Cumulative Fatigue, and Musculoskeletal Disorders among Information Technology Workers: A Cross-Sectional Study in Chongqing, China. Healthcare (Basel). 2023 Aug. 17;11(16):2322. doi: 10.3390/healthcare11162322.

Maylla Suyanni Alves Guedes – Fisioterapeuta pela Universidade Nove de Julho. Especialista em músculo-esquelética pela Irmandade Santa de Misericórdia de São Paulo (ISCMSP). Com formação em Reeducação Postural Global (RPG) e em Pilates solo, bola e aparelhos, possui mais de 10 anos de experiência em atendimento clínico e hospitalar.

CAPÍTULO 11

Avaliar o quê, por quê e como? A investigação de fontes estressoras por meio da Matriz de Risco ao Estresse

Ivan Sant´Ana Rabelo
Roberto Morais Cruz
Soraia Pena
Irene A. de Sá Leme
Luis Anunciação

"Tudo em mim quer me revelar,
minha letra, minha roupa, meu paladar.
O que eu não digo, o que eu afirmo, onde eu gosto de ficar.
Quando amanheço, quando me esqueço.
Quando morro de medo do mar..."
Me Revelar (Zélia Duncan)

Definido como um estado de tensão experimentado pelas pessoas quando submetidas a situações ameaçadoras ou desafiantes, o estresse, de uma forma geral, pode ser entendido como uma resposta humana natural que nos leva a enfrentar desafios e ameaças em nossas vidas (*The American Institute of Stress*, 2017). No cotidiano, as pessoas enfrentam diversos fatores estressores, tais como a pressão no trabalho, o trânsito congestionado, a poluição sonora, metas e pressões pessoais, desafios financeiros, questões profissionais, familiares, problemas de saúde, acidentes, bem como conflitos com líderes, colegas de trabalho e outros. Contudo, é a maneira como as pessoas respondem ao estresse que faz uma grande diferença na manutenção ou perda do bem-estar e do equilíbrio psicobiológico.

Já a percepção de risco ao estresse, refere-se à maneira como uma pessoa percebe e avalia a ameaça ou o perigo sob situações estressantes. A percepção de risco ao estresse pode variar de pessoa para pessoa e é influenciada por diversos fatores, como experiências passadas, personalidade, demandas de trabalho, contexto sociocultural e social (Rabelo; Pena; Cruz; Leme; Anunciação, 2023). Assim, ao experimentar uma situação de estresse, a forma como é percebido e interpretado o risco associado a essa situação pode afetar a resposta ao estresse. Algumas pessoas podem ser mais propensas a perceber riscos em situações estressantes, enquanto outras podem ser mais resilientes e menos propensas a ver o mesmo nível de perigo.

A (auto)gestão do estresse é um processo contínuo de extrema importância, seja no plano pessoal ou profissional. No âmbito do trabalho, o gerenciamento do estresse é realizado por meio de ações de diagnóstico, intervenção, prevenção e monitoramento de estressores que, uma vez excessivos, podem afetar negativamente o bem-estar, a saúde e a segurança no trabalho. E, por consequência, a eficiência e produtividade geral das pessoas e dos sistemas organizacionais. Esses estressores, que podem ter origem no ambiente de trabalho (ocupacionais) ou estar a ele relacionados, têm o potencial de afetar negativamente as condições de saúde e a qualidade de vida no trabalho, notadamente pelo incremento de afastamentos por doenças relacionadas ao trabalho (absenteísmo-doença) e de acidentes de trabalho.

Estressores ocupacionais, se não devidamente gerenciados, podem repercutir desfavoravelmente em outras esferas da vida, como as relações familiares e o equilíbrio entre trabalho e vida pessoal. Ao mesmo tempo, as pessoas têm maneiras distintas de perceber o mundo ao redor e interpretá-lo, com base na sua história de vida e experiências pessoais. Enquanto para alguns uma fonte estressora pode ser de intensidade extremamente forte, para outros pode não representar perigo ou ameaça alguma, de maneira que um mecanismo gerador de tensão pode vir a provocar ou não reação a depender da forma como a pessoa interpreta essa situação e aplica estratégias de enfrentamento.

A tensão e a pressão decorrentes do estresse no trabalho podem criar um efeito cascata, afetando a qualidade do tempo dedicado à família, o convívio social e até mesmo a saúde mental e física fora do ambiente profissional. Por outro lado, estressores experimentados na vida pessoal e profissional, quando não devidamente gerenciados, também podem afetar o desempenho, a saúde e a segurança no trabalho. Em quaisquer dos pontos de vista referidos, gerenciar o estresse e suas fontes (os estressores) é benéfico à promoção de relações saudáveis no ambiente de trabalho e na manutenção de um equilíbrio saudável entre as diferentes esferas da vida, incluindo a vida profissional. A responsabilidade pela gestão do estresse nas organizações é, ao mesmo tempo, focalizada e abrangente, e recai sobre os ombros de gestores, equipes e de cada profissional. No processo de gerenciamento do estresse e de suas fontes, é importante sensibilizar as pessoas para a compreensão do estresse e suas repercussões na vida pessoal e no trabalho. Além disso, é necessário manter os canais de comunicação abertos e mecanismos de feedback contínuos no ambiente de trabalho, de forma a favorecer ações de:

- *Diagnóstico*, a fim de identificar os estressores e a percepção de risco ao estresse, com base em recursos técnicos de rastreio e monitoramento de indicadores de risco ao estresse e suas consequências. Envolve o levantamento de dados e observações sobre as características do ambiente e dos processos de trabalho e a avaliação da percepção de risco e das consequências do estresse na saúde, na segurança e na integridade das pessoas, assim como a sua relação com absenteísmo-doença, o presenteísmo e acidentes de trabalho.
- *Prevenção*, ao operacionalizar medidas gerenciais proativas para evitar ou conter os efeitos da exposição das pessoas às fontes de estresse em potencial, antes que elas se tornem problemas significativos. Medidas preventivas incluem políticas e práticas organizacionais que promovam um equilíbrio saudá-

vel entre trabalho e vida pessoal, a oferta de recursos para lidar com o estresse e a promoção de um ambiente de trabalho que valorize o bem-estar dos funcionários.

- *Posvenção*, ao implementar estratégias e práticas de cuidado, apoio, proteção e suporte, imediatamente após a ocorrência de situações estressantes ou traumáticas, com o objetivo de ajudar as pessoas a lidarem com as consequências psicológicas e psicossociais delas derivadas, assim como mitigar os seus efeitos a médio e longo prazos.

Assim, a gestão do estresse é um processo contínuo que envolve o monitoramento, diagnóstico e prevenção de estressores excessivos que impactam negativamente a saúde e segurança dos profissionais, assim como na eficácia e na produtividade. Diante desse cenário, torna-se imperativo identificar as fontes de desequilíbrio e adotar estratégias eficazes para enfrentar, superar ou bloquear esses agentes estressores (Hannigan; Edwards; Burnard, 2004; Chen *et al.*, 2021).

Falhas no diagnóstico ou nas estratégias de prevenção podem resultar em queda na produtividade, deterioração do moral e impactos negativos na saúde física e mental dos indivíduos. Nessa perspectiva, a investigação das fontes estressoras e suas implicações é fundamental para o autoconhecimento, desenvolvimento de estratégias de enfrentamento, intervenções preventivas e busca por suporte profissional para aqueles que enfrentam o estresse de maneira aguda ou crônica.

O gerenciamento do estresse e das fontes estressoras nos ambientes de trabalho, em particular aqueles baseados em desafios e pressões por prazos, metas e produtividade, é uma estratégia crucial na promoção do bem-estar, da saúde, da segurança e da qualidade de vida das pessoas.

Fontes de Estresse e Estresse

De um modo geral, há consenso básico em compreender o estresse como uma reação humana ao ambiente, que ocorre com todas as pessoas. Durante o processo evolutivo, os seres vivos experimentaram adversidades e desafios que exigiram a ativação de respostas de enfrentamento, assim como a seleção de respostas adaptativas ao ambiente, na manutenção da sobrevivência e da capacidade reprodutiva. É possível afirmar que, em termos evolutivos, o corpo humano foi projetado para experimentar o estresse, ao produzir respostas biológicas e psicológicas aos estressores (Ellis; Jackson; Boyce, 2006; Sousa; Silva; Galvão-Coelho, 2015). De forma mais específica, o estresse pode ser definido como um conjunto de reações emocionais e fisiológicas a estressores (Lipp, 2021; O'Connor; Thayer; Vedhara, 2021).

Os estressores, por sua vez, são estímulos, eventos, demandas, situações ou condições do ambiente que podem ser percebidos como desafios, ameaças ou adversidades pelo organismo, em diferentes circunstâncias da vida. Quando confrontados com esses estressores, o corpo humano ativa respostas biológicas e psicológicas como parte de sua adaptação e enfrentamento. Estressores, portanto, podem ser compreendidos como gatilhos que incitam a resposta de estresse no organismo, desencadeando uma série de reações para lidar com os desequilíbrios na relação pessoa-ambiente (O'Connor; Ferguson, 2016).

Os estressores têm uma grande influência sobre o humor, bem-estar, saúde e comportamento da vida diária (Wheaton; Montazer, 2010). Em indivíduos jovens e saudáveis, as respostas ao estresse agudo, por exemplo, geralmente são adaptativas e não produzem consequências significativas para a saúde. Isso significa que, em situações de curto prazo, o estresse pode ser uma reação normal e até útil para lidar com desafios. No entanto, quando os estressores persistem ao longo do tempo, especialmente em indivíduos idosos ou com problemas de saúde preexistentes, os efeitos a longo prazo podem ser prejudiciais à saúde (Schneiderman; Ironson; Siegel, 2005). O estresse prolongado está associado à ansiedade crônica, alterações psicossomáticas e uma variedade de outros problemas emocionais (Nesse; Bhatnagar; Ellis, 2016).

O estresse agudo cessa logo após o afastamento do agente estressor. Já o estresse crônico se refere a um estado de tensão prolongado que pode levar ao desenvolvimento de várias doenças e prejuízos para a qualidade de vida do ser humano (Lipp 2006, 2021). O estresse crônico, por sua vez, pode ser o disparador de inúmeras doenças geneticamente programadas, as quais permanecem latentes na ausência do estresse, e de doenças oportunistas que se aproveitam da queda da imunidade para instalar-se no organismo. Essas doenças podem ser tanto físicas como psicológicas (Bradley; Dinan 2010).

De acordo com Lipp (2006), pessoas cronicamente estressadas tendem apresentar cansaço mental, dificuldade de concentração, perda de memória imediata, apatia e indiferença emocional, o que compromete as relações do sujeito com o mundo. Três fatores podem contribuir para a evolução do estresse crônico para estágios prejudiciais, são eles: (1) permanência de um estressor na história de vida de uma pessoa, (2) acúmulo de estressores e (3) estresse recorrente (Lipp; Tricoli, 2023).

Certas características dos estressores, das circunstâncias e da duração da exposição às fontes de estresse desempenham um papel fundamental na qualidade e nos níveis das respostas ao estresse. Isso ocorre devido à influência de estratégias cognitivas adotadas para lidar com situações desafiadoras ou ameaçadoras (Russell; Lightman, 2019). A frequência (quantidade de vezes em que ocorre o evento ou o qual ele é percebido), a intensidade (a avaliação da força do estresse), a gravidade do estressor (o impacto do estresse na perda da capacidade e/ou da funcionalidade do organismo) e o grau de controlabilidade da situação estressante experimentada a curto ou longo termo (capacidade de uma pessoa influenciar ou controlar a fonte de estresse e suas possíveis consequências).

Hans Selye, em 1936, introduziu inicialmente o conceito de "estresse" em um contexto biológico, caracterizando a Síndrome Geral de Adaptação (SGA), que descreve a resposta do corpo a estressores. McEwen, em 1998, expandiu essas ideias e introduziu o conceito de carga alostática, referindo-se ao desgaste cumulativo experimentado pelo corpo devido à exposição repetida e a longo prazo ao estresse. Ele sugeriu que a carga alostática está associada à ativação e desativação ineficientes do que ele chamou de "mediadores do estresse". Em alguns casos, esses mediadores podem falhar em montar uma resposta adequada quando necessário. Por exemplo, o corpo pode liberar muito pouco ou muito cortisol ao enfrentar um encontro agudamente estressante (Jackson; Ramsden; Cantor, 2014; Epel *et al.*, 2018).

A ativação dos sistemas de resposta ao estresse é um fenômeno que ocorre em todos os seres humanos quando confrontados com agentes estressores. É importante considerar, porém, que as respostas desencadeadas variam amplamente entre os indivíduos, indicando que a resposta ao estresse não é uma reação uniforme e estática, mas sim um processo altamente adaptativo e flexível (Ellis *et al.*, 2006; Fink, 2016).

Há que se enfatizar, contudo, que o estresse é processo que inclui os estressores (*input*), a exposição do organismo aos estressores, o processamento perceptivo-cognitivo e a resposta comportamental e fisiológica (*output*). É fundamental, portanto, compreender que a resposta ao estresse é uma resultante de um sistema de relações entre pessoa-ambiente. Ou seja, sinais e sintomas de estresse fazem parte de um sistema biopsicológico dependente da capacidade humana em perceber e avaliar as circunstâncias adversas ou desafiadoras às quais o organismo é submetido cotidianamente (Raitano; Kleiner, 2004; Nakamura; Morrison, 2022).

Assim, a capacidade do organismo em lidar com uma situação estressante desempenha um papel crucial na resposta ao estresse. Essa capacidade de enfrentamento é influenciada pela genética, experiências de desenvolvimento e fatores ambientais. Indivíduos diferentes podem apresentar uma variabilidade significativa em sua resposta ao mesmo agente estressor devido a essas diferenças individuais. O que pode ser um estressor avassalador para um indivíduo pode ser mais facilmente gerenciado por outro.

Fatores organizacionais, como falta de controle sobre o trabalho, falta de apoio gerencial, excesso de demandas e conflitos interpessoais, são frequentemente associados ao desenvolvimento do estresse agudo e crônico (Hakanen; Schaufeli; Ahola, 2008). Além disso, a falta de reconhecimento pelo trabalho realizado e a ausência de recompensas tangíveis podem contribuir para a perda de motivação e satisfação no trabalho, agravando os sintomas de esgotamento profissional, que podem se manifestar de várias maneiras: fadiga crônica, irritabilidade, dificuldades de concentração, insônia, problemas de saúde física e emocional, e redução da empatia em relação aos colegas e clientes.

As condições físicas e o ambiente das organizações têm o potencial de afetar direta ou indiretamente a saúde das pessoas. As condições de trabalho estão mudando paralelamente às melhorias técnicas. A maioria dos serviços nos locais de trabalho está sendo automatizada, e os escritórios estão ficando menores e artificialmente iluminados. Com as melhorias técnicas nos locais de trabalho, as interações humano-computador aumentam, e um alto nível de estresse é observado nos empregos automatizados. Embora os computadores facilitem os trabalhos e os tornem menos desafiadores, as demandas de produção podem ser altas, com pressão constante e poucas possibilidades de tomada de decisão.

O uso intensivo de tecnologia da informação e comunicação causa sobrecarga mental, negligência de outras atividades e necessidades pessoais, pressão temporal, conflitos de papéis, sentimentos de culpa, isolamento social, sintomas físicos, preocupações com radiação eletromagnética e problemas econômicos. Além disso, usuários de tecnologia frequentemente apresentam vulnerabilidade, mal-entendidos e sentimentos de inadequação.

À medida que a pesquisa científica sobre o estresse avança, cresce cada vez mais a compreensão da associação entre o ambiente de trabalho e os riscos psicossociais. Esses riscos podem resultar em prejuízos para a saúde e para as habilidades profissionais dos trabalhadores no contexto organizacional. Relatos desde a década de 1960 já demonstram evidências científicas dos efeitos danosos do estresse e de outros riscos que são específicos às ocupações laborais, e refletem o entendimento do trabalho como fonte de sofrimento psíquico ou de adoecimento laboral (Bugard; Lin, 2013; Canivet *et al.*, 2013; Vazquez; Pianezolla; Hutz, 2018; Xanthopoulou; Bakker; Demerouti; Schaufeli, 2009).

Os avanços nos estudos científicos têm permitido a identificação das relações entre disfunções emocionais e fisiológicas que se originam no ambiente de trabalho devido à exposição ao estresse, bem como suas implicações na vida das pessoas (Jaffe, 1995; Malach; Leite, 1999; Lima, 1996; O'Connor; Ferguson, 2016; Nakamura; Morrison, 2022). Esse corpo de pesquisa tem iluminado as complexas interações entre o ambiente de trabalho, a saúde mental e física dos trabalhadores e seu desempenho profissional.

Essas descobertas têm implicações significativas para a saúde ocupacional e para a gestão de recursos humanos, orientando esforços no sentido de criar ambientes de trabalho mais saudáveis, promover o bem-estar dos funcionários e otimizar a produtividade. Portanto, a pesquisa contínua nesse campo é crucial para melhor compreender e mitigar os impactos adversos do estresse ocupacional.

Percepção de situação e circunstância indutora ou desencadeadora de estresse

O estresse é uma resposta não específica do corpo diante de qualquer demanda. Críticas e dificuldades acerca da terminologia utilizada para descrever o processo de estresse moveram Selye, em 1975, a propor a palavra "estressor" para se referir ao agente; e a palavra "estresse" para a reação. Assim, deve-se ter cuidado no uso da terminologia, pois estresse é como a pessoa reage diante de um estímulo que desencadeia uma reação biopsicológica, e estressor é o agente que propicia a reação, ou seja, o desafio ou agente nocivo percebido pelo indivíduo (Pacak *et al.*, 1998; Pacak; Palkovits, 2001).

São consideradas fontes estressoras, ou simplesmente "estressores", qualquer acontecimento, objeto, pessoa, ambiente e situação que produz tensão no organismo, levando-o a utilizar suas reservas adaptativas em maior ou menor grau, sejam em ocorrências estressantes no trabalho, na escola, no ambiente familiar ou no dia a dia em geral (Wheaton; Montazer, 2010; Russell; Lightman, 2019). Em resumo, fontes estressoras podem ser consideradas responsáveis por desencadear o estresse.

No cotidiano, todas as pessoas enfrentam diversos estressores, incluindo a rotina de trabalho, o trânsito, a poluição sonora, pressões e metas pessoais, questões financeiras, desafios profissionais, conflitos familiares, problemas de saúde, acidentes, além de dificuldades no relacionamento com líderes, gestores e colegas de trabalho. Diante dessa multiplicidade de fontes de desequilíbrio, é fundamental identificá-las e adotar estratégias eficazes para enfrentamento, superação, distanciamento ou até mesmo bloqueio desses agentes estressores.

Ao mesmo tempo, eventos ou estímulos que são entendidos como uma ameaça pelo organismo e, consequentemente, provocam o estresse podem acontecer em diferentes áreas, desde em acontecimentos vitais, acontecimentos diários menores e situações de tensão crônica, em menor ou maior grau, por breves ou longos períodos. Não obstante, destaca-se que as pessoas podem apresentar maneiras distintas de perceber o mundo ao redor e interpretá-lo a partir de suas histórias de vida e experiências, o que pode ter relação direta com a forma como reagem a determinadas situações, diante de determinados estímulos, acontecimentos etc.

Para alguns, uma fonte de estresse pode ser extraordinariamente intensa e, para outros, pode não representar perigo ou uma ameaça importante. Nesse sentido, a resposta gerada por um mecanismo tensionante pode variar dependendo da interpretação que a pessoa faz da situação e das estratégias de enfrentamento que ela aplica. Um exemplo comum é encontrado na rotina de trabalho, uma área que afeta a maioria das pessoas. Para alguns, o simples desafio de cumprir prazos apertados e lidar com pressões constantes para atingir metas pode ser altamente estressante. Considere um profissional que enfrenta a não consecução de metas agressivas, ao mesmo tempo em que se impõe uma autocobrança excessiva e sente uma constante necessidade de superação. Isso pode se assemelhar a uma "bomba" fórmula prestes a desencadear uma "explosão".

O estresse relacionado ao trabalho não se limita apenas às demandas profissionais, mas também às relações com colegas e superiores, bem como à insegurança financeira em casos de demissão ou dificuldades financeiras pessoais. Em outros contextos, seja o trânsito caótico das grandes cidades, as pressões externas, como a exposição às condições de risco de acidentes, podem contribuir para o estresse se manifestar. Sem falar da poluição sonora constante que invade nossas vidas, proveniente de buzinas, sirenes e construções, são outros exemplos de fonte estressante que impactam nossa qualidade de vida diária.

Como exemplos em âmbitos mais pessoais, entre fontes e circunstâncias que contribuem para o estresse estão problemas familiares, como conflitos intergeracionais ou situações de crise, que podem tornar-se fontes frequentes de tensão. As doenças, sejam elas próprias ou de um ente querido, podem desencadear estresse, uma vez que envolvem preocupações com a saúde e o bem-estar. A falta de tempo para estar com a família e os amigos, a convivência difícil com líderes e gestores, bem como a dinâmica com colegas, são condições que também podem promover o estresse. A pandemia de Covid-19, por exemplo, envolveu fontes dinâmicas de estresse, como o medo da doença, o isolamento social e a incerteza econômica. Essas situações de estresse bloqueiam adaptações em nossas abordagens e estratégias para lidar com elas (Lipp; Tricoli, 2023).

Fontes estressoras são tratadas por diferentes termos no senso comum e na literatura, tais como: estressor, fator estressante, fonte de estresse, agente estressor, situação e circunstância indutora ou desencadeadora de estresse. Podem estar relacionados a motivos externos ao organismo, direcionados à ação, mas também para o pensamento interno, desde que sejam mecanismos que põem à prova as defesas (a homeostase) do indivíduo.

Simultaneamente, a reação aos estímulos estressores desempenha um papel crucial na regulação do organismo, onde os sistemas alostáticos entram em ação para promover respostas adaptativas voltadas para a recuperação do indivíduo. No entanto, uma variedade de condições sistêmicas ou psicológicas pode desregular esses mecanismos de resposta, resultando em possíveis dificuldades de adaptação ao ambiente circundante (Vincze; Vincze-Tiszay, 2020; Lipp, 2022).

A reatividade ao estresse – resposta do sistema psicofisiológico do corpo a estímulos emocionais ou psicológicos – pode incluir mudanças fisiológicas, como aumento da frequência cardíaca, variações na pressão arterial, alterações na atividade cerebral e liberação de hormônios do estresse. Ou seja, compreende um sistema complexo e integrado de respostas neurais centrais e neuroendócrinas periféricas projetadas para preparar o organismo para desafios ou ameaças. Para sobreviver, o ser humano precisa se adaptar continuamente ao ambiente interno e externo, em constante mudança.

No nível mais fundamental, esse fenômeno é conhecido como homeostase, termo que enfatiza a atividade de regulação do corpo humano das condições fisiológicas internas (temperatura corporal, oferta de oxigênio etc.), essenciais à vida. Para manter a homeostase, o corpo libera hormônios, como cortisol, adrenalina e noradrenalina, e ativa tanto o sistema nervoso autônomo (SNA) quanto o sistema nervoso central, possibilitando ao organismo responder adaptativamente às atividades do cotidiano, algumas das quais podem ser intrinsecamente estressantes (Kloet *et al.*, 2019).

Dada a complexidade do estresse e a avaliação subjetiva da experiência de situações estressoras, é importante compreender as diversas formas pelas quais os indivíduos reagem ao estresse. É crucial ressaltar que o evento estressor em si não possui a capacidade intrínseca de determinar o nível de estresse de um sujeito; esse nível é fortemente influenciado pela avaliação e interpretação subjetiva conferida ao estressor, denominada de estratégia de enfrentamento ao estresse (Lazarus; Folkman, 1984; Folkman *et al.*, 1986).

As estratégias de enfrentamento ao estresse se referem aos esforços cognitivos e comportamentais direcionados para lidar com demandas que excedem ou sobrecarregam os recursos do indivíduo, seja no âmbito externo ou interno. Entendidas como um processo dinâmico, as estratégias de enfrentamento são passíveis de aprendizado, aplicação e adaptação, conforme a identificação e reforço em um determinado momento (Lazarus; Folkman, 1984).

O propósito das estratégias de enfrentamento é a redução, eliminação ou gestão do estresse, dependendo da avaliação que o indivíduo realiza diante de um evento em sua vida. Quando o enfrentamento é apropriado, o estresse pode ser mitigado e ajustado à circunstância; no entanto, se inadequado, há o risco de intensificar o nível de estresse, influenciado pela interpretação da situação (Lazarus; Folkman, 1984; Charmandari; Tsigos; Chrousos, 2005). Uma vez que as estratégias de enfrentamento ao estresse se mostrem frágeis ou inapetentes ao processo de adaptação, contenção ou superação dos impactos do estresse, o organismo tende a reagir de forma disfuncional por meio da manifestação de sinais e sintomas.

Os sinais/sintomas de estresse podem variar de pessoa para pessoa, podendo aparecer com intensidades diferenciadas, em diferentes contextos da vida, ou mesmo em episódios isolados; no entanto, os mais relatados costumam ser, segundo Lipp (2022): ausência de motivação; baixo desempenho; fadiga física e mental; sentimento de insatisfação; autoestima baixa; ansiedade; emoções negativas, como frustração e desesperança; alterações no humor; insônia; problemas cognitivos, principalmente relacionados à memória e concentração; enxaquecas, distúrbios gastrointestinais e dores no corpo frequentes; dificuldade nas relações interpessoais; isolamento social; falta de cuidados pessoais etc.

Os eventos ou circunstâncias capazes de desencadear estresse podem estar relacionados a diversas dimensões, abrangendo aspectos organizacionais, vinculados ao próprio ambiente de trabalho, e aspectos individuais. Além disso, fatores sociais, familiares e elementos da vida pessoal, entre outros contextos, podem contribuir para o aumento do estresse, exercendo impacto em várias áreas da vida da pessoa (Lipp, 2022). Embora muitos dos gatilhos e fontes de estresse estejam frequentemente associados a fatores externos ao indivíduo, é importante ressaltar que a pessoa, por sua própria iniciativa, pode adotar hábitos cotidianos que promovam a melhoria de sua saúde e bem-estar. Da mesma forma, ao perceber a manifestação de quaisquer sintomas relacionados ao estresse, buscar tratamento especializado é uma medida valiosa.

Empresas e instituições, em geral, têm a responsabilidade de assumir um papel proativo na redução dos índices de estresse entre seus colaboradores. Isso pode ser alcançado por meio da promoção de um ambiente organizacional mais propício, capacitando a liderança para fomentar a saúde, melhorando a comunicação, incentivando comportamentos assertivos, e através de campanhas de conscientização. Além disso, é crucial proporcionar um ambiente seguro e saudável, equipamentos de proteção, entre outros aspectos.

Esgotamentos que reduzem a capacidade das pessoas em lidarem com eventos estressantes, vale ressaltar, tem o potencial de impactar negativamente não apenas na saúde individual dos profissionais, mas também nos resultados do trabalho em si. Isso resulta em prejuízos ao desempenho das funções, aumento do risco de acidentes, elevação da insatisfação e comprometimento negativo do clima organizacional. Tais repercussões podem, por sua vez, afetar diretamente a qualidade dos serviços oferecidos pela empresa aos seus clientes.

Percepção de risco ao estresse

Perceber e evitar riscos são instintos naturais dos seres vivos. A percepção de risco é a variável central que induz respostas psicológicas e comportamentais entre as pessoas em eventos de crise pública e exerce influências significativas tanto nas decisões como nos comportamentos da vida diária (Slovic, 2000; Li; Lyu, 2021). A percepção de risco percebido coloca as pessoas num estado de angústia e ansiedade, o que por sua vez as motiva a envolver-se em atividades de resolução de problemas para resolvê-los (Cho; Lee, 2006).

A percepção de risco ao estresse é um aspecto fundamental no estudo do estresse e desempenha um papel crucial na maneira como os indivíduos respondem a situações ameaçadoras ou desafiadoras. Ela se refere à forma como uma pessoa avalia e interpreta o grau de risco associado a eventos ou circunstâncias estressantes (Li; Lyu, 2021). Essa avaliação é notoriamente subjetiva e, portanto, varia de uma pessoa para outra. Diversos fatores influenciam a maneira como cada indivíduo percebe o risco ao estresse, incluindo experiências passadas, estratégias de enfrentamento, o nível de estresse atual e características de personalidade.

É importante entender que a percepção de risco ao estresse pode ser influenciada por vários fatores, incluindo a forma como as informações são interpretadas e processadas pelo cérebro. Além disso, o contexto cultural e social de uma pessoa também pode desempenhar um papel na forma como ela percebe o risco ao estresse. No contexto da saúde mental e do bem-estar, entender a percepção de risco ao estresse é importante para ajudar as pessoas a desenvolverem estratégias de enfrentamento eficazes e lidar com situações estressantes de forma mais saudável.

A definição de estressor proposta por Selye, como "aquilo que produz estresse" (Selye, 1936, 1956), trouxe contribuições significativas para a compreensão do estresse e suas respostas biológicas (O'Connor; Ferguson, 2016). No entanto, essa abordagem apresenta pelo menos três problemas fundamentais.

Em primeiro lugar, um estressor é simplesmente um problema em potencial, cujo valor real de ameaça ainda precisa ser definido pelas circunstâncias contextuais. Um estressor não pode ser definido pura (e retrospectivamente) por suas consequências, porque, ao fazê-lo, prejudicam seriamente a identificação de classes ou tipos de ambientes sociais problemáticos para a saúde mental da população.

Em segundo lugar, a exposição a estressores ao longo do tempo pode prejudicar a saúde mental sem a ocorrência de uma resposta biológica ao estresse como condição necessária. O modelo de estresse biológico excluiria esses estressores. Importante, esses são exatamente os tipos de estressores que podem passar despercebidos pela consciência, porque crescem insidiosamente, não são definidos como ameaçadores, parecem exigir apenas respostas rotineiras, mas minam a capacidade de enfrentamento da pessoa.

Em terceiro lugar, os estressores podem ter outras consequências além dos resultados de saúde em si, que são importantes para compreender as consequências sociológicas mais amplas de sua ocorrência (Aneshensel; Rutter; Lachenbruch, 1991). Os estressores podem prejudicar o desempenho educacional, levar a casamentos precoces ou causar interrupções na atividade da força de trabalho.

Para Fink (2016), o estresse se refere à percepção de ameaça que resulta em ansiedade, desconforto, tensão emocional e dificuldade de se adaptar, e acontece quando as demandas excedem a autopercepção de habilidade para conseguir lidar com elas, sendo a resposta biológica a mesma, independentemente do tipo de evento estressor. Uma vez que um evento é percebido como desafiador, a reação inicial biológica do estresse permanece igual, independentemente de nacionalidade, sexo, idade ou raça. Quando a pessoa se depara com um evento potencialmente estressante, ocorre a produção de glucocorticoides que atuam em conjunto com a adrenalina para gerar aumento de glicose no sangue. Isso garante a produção de energia suficiente para que ocorra a reação automática do estresse.

Logo, um mesmo evento pode dar início à resposta de estresse em uma pessoa e não em outra, dependendo de como é percebido por cada uma. Uma vez que seja percebido como ameaçador, a resposta inicial de estresse é equivalente. Passado o impacto inicial, a história de vida da pessoa, sua exposição prévia a eventos estressantes e sua herança genética vão determinar que órgãos serão mais afetados pelos desafios enfrentados (Fink, 2016).

Construção de uma ferramenta de investigação da percepção de risco ao estresse

Em uma breve apresentação, o instrumento Matriz de Risco ao Estresse – MATRIX (Rabelo; Pena; Cruz; Leme; Anunciação, 2023) é uma ferramenta de avaliação da percepção de risco ao estresse, ou seja, da propensão dos indivíduos em desenvolverem estresse e problemas de saúde mental, uma vez expostos a situações estressantes relacionadas à vida pessoal, ao trabalho e a outras fontes. Nesse sentido, o MATRIX é uma ferramenta útil no apoio à decisão pessoal e gerencial nas ações de monitoramento de indicadores de saúde, segurança, bem-estar e qualidade de vida.

Para a operacionalização do processo de elaboração dos itens que compõem a medida, buscou-se inicialmente identificar, na produção científica disponível sobre estresse, estressores e gestão do estresse, eventos, situações, experiências e comportamentos associados ao estresse e seus impactos na vida das pessoas.

Dentre os aspectos abordados, destacam-se: perder o controle com situações que saem do planejado; perder a empolgação por fazer a mesma tarefa por muito tempo; ficar esgotado com trabalhos muito longos ou jornadas de trabalho muito extensas; sentimento de perda da alegria naquilo que faz e no trabalho; ser pouco cuidadoso nas decisões profissionais; utilizar algum tipo de medicamento, droga ou ingerir bebida alcoólica para diminuir o esgotamento; crença limitante de que a reputação no trabalho está ameaçada; dificuldade em dormir à noite; dificuldades de concentração; crença de que as coisas parecem mais difíceis que o habitual; dificuldade em se desligar das coisas para relaxar; vivenciar (ou testemunhar) um evento traumático; apresentar reações fisiológicas acentuadas, como dor de barriga ou de estômago, enjoo ou dor de cabeça; crença na incapacidade de viver emoções positivas, sentir felicidade, satisfação com a vida; sentir tristeza em viver; se perceber mais intolerante e sem paciência, entre outros. Com base em um macro conjunto de indicadores extraídos, foram elaborados diversos itens em forma de frases.

Ao final da etapa de elaboração dos itens, o inventário ficou composto por 45 sentenças descritoras (itens), divididas em seis fatores não balanceados na quantidade de itens por fator, mas de acordo com a escolha dos itens pelos especialistas.

Os fatores propostos para a medida foram:
- Vida Pessoal
- Profissional

- Suporte Familiar e Social
- Reatividade Psicofisiológica
- Estratégia de Enfrentamento

Em continuidade à construção do instrumento de medida, foram realizadas distintas coletas de dados e inúmeros estudos à luz da Psicometria, com o objetivo de analisar os dados da Matriz de Risco ao Estresse, bem como interpretar e discutir os principais achados. Todas as análises foram feitas usando a linguagem de programação R, com suporte de pacotes estatísticos apropriados à necessidade do tratamento psicométrico.

Contextualizando, a Psicometria é a área da Psicologia que se ocupa tanto de aspectos teóricos como metodológicos sobre funções e processos psicológicos (Anunciação, 2018). Uma das principais tarefas desta área é o desenvolvimento, calibração e refino de instrumentos de medida a partir de uma metodologia rigorosa e embasada (Ivancevic; Ivancevic, 2007). Isso ocorre, pois instrumentos com boas propriedades permitem não apenas operacionalizar características psicológicas, mas também chegar a resultados quantitativos sobre fenômenos considerados menos tangíveis, como inteligência e personalidade.

Para que os achados de um estudo psicométrico, bem como as interpretações obtidas pelos resultados da aplicação de uma medida possam ganhar robustez em sua validade e auxiliar as possíveis decisões, é necessário que o processo de desenvolvimento de um instrumento tenha sido submetido a um rigoroso controle de qualidade. Este controle é formado por uma série de evidências psicométricas que alcançam (1) o conteúdo dos itens, (2) a estrutura interna, (3) o relacionamento com outras variáveis, (4) o processo de resposta e (5) as consequências da testagem (Anunciação; Portugal, 2020).

Dessa maneira, construir um instrumento depende da realização de um conjunto de estudos estatísticos e psicométricos. Além disso, diretrizes e produções técnicas realizadas por pesquisadores e entidades internacionais como a *American Educational Research Association (AERA), American Psychological Association (APA) e Council on Measurement in Education (NMCE)* frequentemente indicam as melhores práticas estatísticas para desenvolvimento de tais medidas.

Resultados psicométricos do MATRIX

Participaram dos estudos psicométricos 593 pessoas em uma amostragem por conveniência. Dos participantes, 77,5% (n = 431) foram mulheres, 61,7% (n = 79) relataram não ter filhos, a maioria estava em São Paulo (n = 469, 85%) e apresentava nível superior (n = 189, 34%) ou pós-graduação (226, 41%).

A dimensionalidade foi avaliada por meio de uma Análise Fatorial Confirmatória (AFC) e pelo modelo de Samejima da Teoria de Resposta ao Item (TRI). A AFC tem como finalidade testar o quanto um modelo teórico tem suporte dos dados empíricos a partir de diferentes critérios estatísticos, enquanto a TRI reúne um conjunto de modelos probabilísticos que possibilitam verificar, ao mesmo tempo, as características dos itens de um instrumento e a habilidade do respondente (Anunciação, 2018).

A precisão do MATRIX foi analisada por meio de estudos de consistência interna dos resultados. O Alfa de Cronbach do instrumento como um todo foi de 0,97, com correlação média (Rxx) de 0,28.

Tabela 1. Resultados sobre fidedignidade do MATRIX

Dimensão/Fator	Itens	Alpha	Correlação média
Vida Pessoal	10	0,92	0,36
Vida Profissional	10	0,92	0,37
Suporte familiar/social	9	0,89	0,89
Reatividade psicofisiológica	8	0,91	0,39
Estratégias de enfrentamento	8	0,91	0,38
Total	45	0,97	0,28

Foram também investigadas correlações entre as pontuações da MATRIX com a versão revisada do Inventário de Sintomas de Stress de Lipp (ISSL-R) e o DASS-21 (*Depression, Anxiety and Stress Scale*), ambos com evidências de validade e precisão em pesquisas brasileiras. O ISSL-R tem por objetivo identificar a presença de sintomas que caracterizam o estresse, bem como indicar o grau de severidade do quadro de sintomas, oferecendo uma classificação que vai de sintomas leves a graves. Já o DASS-21 é uma escala composta por 21 itens divididos em três subescalas: depressão, ansiedade e estresse e oferece três níveis de mensuração para cada item investigado: de 0 (zero) "não se aplica de maneira nenhuma" a 3 (três) "aplica-se muito ou na maioria do tempo", com base na instrução "em que medida cada afirmação se aplica a você no curso da última semana" (Vignola; Tucci, 2014; Martins; Silva; Maroco; Campos, 2019).

Conforme esperado, a correlação entre o MATRIX e o ISSL-R foi majoritariamente alta e significativa. Os resultados significativos indicaram que o ISSL-R se correlaciona com o total ($r = 0,70$), com aspectos de Reatividade psicofisiológica ($r = 0,64$), com aspectos profissionais ($r = 0,65$), pessoais ($r = 0,74$) e de Suporte familiar ($r = 0,65$).

Por sua vez, a correlação entre o MATRIX e o DASS-21 também foi positiva, forte e significativa. Os resultados totais do MATRIX com o DASS Total foi de 0,75, com o DASS Depressão foi de 0,70, com o DASS Estresse foi de 0,67 e com o DASS Ansiedade foi de 0,64.

Tabela 2. Indicadores correlacionais entre o MATRIX e o DASS-21

MATRIX	DASS-21	Correlação
Pessoal	Depressão	0.72
Profissional	Depressão	0.60
Suporte familiar/social	Depressão	0.62
Reatividade psicofisiológica	Depressão	0.74
Estratégia de enfrentamento	Depressão	0,68
Total	Depressão	0.70
Pessoal	Estresse	0.68
Profissional	Estresse	0.66
Suporte familiar/social	Estresse	0.68

Reatividade psicofisiológica	Estresse	0.56
Estratégia de enfrentamento	Estresse	0,70
Total	Estresse	0.67
Pessoal	Ansiedade	0.68
Profissional	Ansiedade	0.56
Suporte familiar/social	Ansiedade	0.62
Reatividade psicofisiológica	Ansiedade	0.61
Estratégia de enfrentamento	Ansiedade	0,66
Total	Ansiedade	0.64

Quanto às Normas do instrumento, entende-se que elas representam referências estatísticas que permitem comparar os resultados obtidos por uma pessoa em contraste com outras pessoas com características similares. Nas tabelas normativas presentes no manual da ferramenta, sempre haverá a relação entre pontuação bruta e percentil.

Informações sobre os procedimentos de aplicação e instruções

Nessa medida serão apresentadas frases que descrevem incômodos e sofrimentos no âmbito profissional e pessoal. A tarefa consiste em ler atentamente cada uma das frases e, **com base nas últimas 3 semanas**, responder o quanto as frases descritas no questionário se aplicam a sua vida.

Considere que, quanto mais você achar que a frase é apropriada para descrevê-lo(a), maior deve ser o valor a ser marcado na escala (respostas 4 e 5); quanto menos você se identificar com a descrição contida na frase, menor será o valor a ser registrado na escala (respostas 0 e 1). Note que todos os valores de 0 até 5 podem ser marcados.

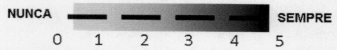

(0) Nunca; (1) Raramente; (2) Às vezes; (3) Normalmente; (4) Muito; (5) Sempre

Em seguida, ainda na mesma frase, informe a INTENSIDADE (a força) com que isso ocorre:

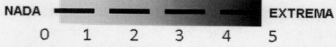

(0) Nada; (1) Desprezível; (2) Leve; (3) Moderada; (4) Forte; (5) Extrema

Por exemplo, observe como deve ser feita a marcação:

Nos últimos 3 meses, tenho percebido os seguintes incômodos ou experiências desagradáveis...	Frequência	Intensidade
Ex.: Preocupação com algum problema familiar.	⓪①❷③④⑤	⓪①②③❹⑤

Responda a cada frase de forma espontânea, mas sem demorar demais. Não há respostas certas ou erradas, porque o comportamento pode ser comum em algumas pessoas e raro em outras, e as pessoas podem ter opiniões diferentes sobre muitas questões, por isso seja **sincero(a)**. *Lembre-se que* **é com base nas últimas 3 semanas**.

Após a aplicação do instrumento, antes de encerrar o procedimento, sugere-se que o examinador abra um espaço para o diálogo, um momento de conversa com o(s) respondente(s), sobre como ele está se sentindo após responder o MATRIX. É importante aproveitar esse momento para perguntar ao respondente se ele deseja acrescentar outras informações relacionadas à saúde atual, estressores e situações de risco vividas dentro e fora do contexto profissional.

Matriz de Interpretação

Para o cálculo de cada um dos eixos **frequência** e **intensidade** do escore de percepção do estresse, são necessários os passos:

a) Somar os resultados de Frequência pontuados em cada item;

b) Somar os resultados de Intensidade pontuados em cada item.

Do ponto de vista interpretativo, a **frequência** basicamente consiste no número de vezes que o respondente identifica o impacto dos estressores. **Quanto mais elevada for a frequência**, maior será a percepção do risco de enfrentar situações estressantes recentes ou durante o período das últimas três semanas. Por outro lado, uma **frequência menor** indica uma percepção reduzida ou ausência de estressores no cotidiano, refletindo uma menor exposição ou sensibilidade a eventos estressantes.

A **intensidade** relaciona-se com a energia transportada pelo agente estressor, e pode ser interpretada como a "força", o quanto ela é aguda, em termos de impacto na pessoa. A identificação do nível de intensidade determina se a experiência é percebida como mais forte ou mais fraca. A **frequência** indica uma presença contínua do estresse ao longo do tempo, uma provável manifestação de estresse prolongado, enquanto a intensidade reflete o quão agudo o estresse se apresenta, particularmente em níveis Muito Alto a Extremos.

MATRIX DE ESTRESSE

Somar separadamente as respostas em cada eixo. Em seguida, anotar cada resultado na coluna PONTOS. Por fim, procurar na tabela de percentil o valor correspondente à pontuação:

EIXO	Frequência	Intensidade
PONTOS	90	72
PERCENTIL	50	30

Marcar na matriz ao lado a letra correspondente ao ponto convergente entre o percentil da frequência (linha) e o percentil da intensidade (coluna).

Por exemplo, se o percentil de frequência for 50 e o percentil de intensidade for 30, a letra correspondente será (D).

Agudo

INTENSIDADE		1 a 20	21 a 40	41 a 60	61 a 80	81 a 99
Extrema	99 a 81	(E)	(E)	(E)	(G)	(G)
Forte	80 a 61	(E)	(E)	(E)	(G)	(G)
Moderada	60 a 41	(C)	(D)	(D)	(F)	(F)
Leve	40 a 21	(B)	(C)	**D**	(F)	(F)
Quase ausente	20 a 1	(A)	(B)	(C)	(F)	(F)
		Raro	Às vezes	Frequente	Muito	Sempre

Crônico

FREQUÊNCIA

LETRA DE INTERPRETAÇÃO = **D**

Exemplo de texto descritivo da interpretação (D):

Uma pontuação moderada pode indicar risco de propensão ao estresse. Isso pode ser atribuído a uma intensidade do estresse moderada, mas com uma fre-

quência de exposição a eventos estressantes considerada como frequente. *Essa percepção da propensão ao estresse pode estar relacionada a um ambiente de trabalho ou gestão desequilibrada ou instável, ou mesmo há aspectos da vida pessoal, nas relações com os outros, o que pode levar ao adoecimento gradual devido à constância dos estressores de baixa intensidade ou à sua moderada intensidade, mesmo que ocorra com menor frequência.*

Essa situação de risco é preocupante, pois a pessoa pode não perceber conscientemente a sua exposição tão frequente ou a intensidade ainda moderada dos estressores, o que dificulta o desenvolvimento de estratégias eficazes para lidar com o estresse ou evitá-lo, já que pode parecer convencional, devido à sua ocorrência frequente e/ou intensidade leve a moderada.

É importante estar atento a essa propensão ao estresse moderado, a fim de tomar medidas preventivas e desenvolver estratégias de enfrentamento adequadas para minimizar o impacto negativo na saúde e no bem-estar.

Interpretação das Dimensões (Fontes estressoras)

As pessoas têm maneiras distintas de perceber o mundo ao redor e o interpretam a partir de sua história de vida e experiências, o que pode ter relação direta com a forma de reagir a determinadas situações, diante de determinados estímulos, circunstâncias etc. Enquanto para alguns, um agente estressor pode ser de intensidade extremamente forte, para outros pode não representar perigo ou ameaça alguma, de maneira que um mecanismo gerador de tensão pode vir a provocar ou não reação a depender da forma como a pessoa interpreta essa situação e aplica habilidades de enfrentamento.

Para a interpretação dos escores em cada dimensão, nos casos de haver percepção moderada ou elevada deste ou daquele fator, para melhor levantamento de quais agentes estressores podem estar presentes em particular, faz-se necessário realizar uma entrevista devolutiva com o respondente. Contribuir no apoio da identificação de distintos agentes estressores para cada pessoa é importante para o desenvolvimento de um plano de intervenção.

As interpretações que seguirão são pontos de partida para percepção de quais itens foram apresentados ao participante no decorrer da medida, que podem ser um indicativo inicial de reconhecimento da presença de agentes estressores nas respectivas áreas, mas não devem se esgotar nos itens apresentados. Outros agentes estressores, além dos contidos nos itens de cada fator, podem estar acompanhados a estes descritos na medida. Uma propensão elevada de pontuação em determinado fator deve ser investigada para verificar outros agentes estressores dentro do referido contexto. A construção da interpretação por fator exigirá compreender especificamente quais destas e outras fontes de estresse estão ocorrendo na vida pessoal, no trabalho, família, amigos e outros estressores, naqueles fatores com pontuações mais elevadas.

O instrumento pode ser indicado para um acompanhamento da evolução ou remissão do estresse e as fontes estressoras, entre aquelas que são medidas pela ferramenta. Desta maneira, o respondente pode ser submetido mais de uma vez ao MATRIX, com espaçamento de algumas semanas ou meses, visando a um acompanhamento longitudinal, e contribuir para uma verificação se o estresse é percebido pelo respondente como situacional, crônico ou sazonal.

O acompanhamento pré e pós-tratamento/intervenção pode auxiliar na compreensão dos avanços, assim como na verificação da eficácia das estratégias de *coping* aplicadas no enfrentamento dos agentes estressores.

DIMENSÕES	PONTOS	PERCENTIL
Vida pessoal 1, 3, 4, 5, 16, 17, 18, 19, 20, 30.	43	30
Vida Profissional 6, 7, 9, 14, 21, 22, 23, 24, 25, 40.	75	60
Suporte familiar e social 2, 8, 11, 12, 13, 15, 26, 28, 38.	25	20
Reatividade psicofisiológica 10, 29, 39, 41, 42, 43, 44, 45.	55	70
Estratégias de enfrentamento 27, 31, 32, 33, 34, 35, 36, 37.	42	40

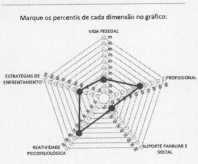

Figura 2. Modelo de apresentação dos resultados por Dimensão (fatores)

Considerações para análise e interpretação dos resultados da medida

As descrições interpretativas presentes no manual não são exaustivas, e as experiências individuais de estresse podem variar consideravelmente. É crucial lembrar que o estresse é uma parte normal e inevitável da vida, e procurar apoio de profissionais confiáveis pode ser benéfico para gerenciar o estresse e prevenir efeitos negativos a longo prazo na saúde física e mental.

A interpretação dos resultados de uma medida de percepção do risco ao estresse deve ser conduzida por profissionais qualificados, como psicólogos, profissionais de saúde, especialistas em saúde do trabalhador, recursos humanos e outros, que considerem o contexto e os detalhes individuais de cada pessoa. Apenas um psicodiagnóstico e uma avaliação médica abrangente podem proporcionar uma compreensão diagnóstica e/ou pericial, permitindo o desenvolvimento de estratégias eficazes de intervenção.

É essencial buscar a orientação de profissionais capacitados para uma análise aprofundada dos resultados do teste e uma intervenção apropriada à luz da ciência, com ética e responsabilidade. Essa medida pode contribuir como parte integrante desse processo de compreensão da exposição e, sobretudo, da percepção do risco ao estresse.

A avaliação longitudinal, em dois tempos distintos, ou mesmo pré e pós-intervenção, pode ser uma estratégia útil no acompanhamento da evolução ou remissão dos quadros de níveis de estresse nas diferentes dimensões (estressores), podendo contribuir para a compreensão da evolução do estresse e os impactos das intervenções ao longo do tempo.

Ao realizar avaliações em dois momentos distintos, conhecidos como T1 (Tempo 1) e T2 (Tempo 2), pode-se traçar um panorama mais completo e preciso da saúde mental de um indivíduo, especialmente em relação ao estresse, ao longo de um período ou após a intervenção.

No T1, a avaliação inicial serve como um ponto de referência. Ela nos oferece uma visão mais clara dos níveis de estresse, podendo fornecer insights sobre os desafios e o impacto que o estresse tem apresentado na vida do indivíduo, permitindo-nos identificar áreas de maior vulnerabilidade, seja pela intensidade e também pela sua presença constante ou esporádica.

Uma avaliação detalhada no T1 é fundamental para entender a natureza do estresse que a pessoa enfrenta. Podemos determinar se os níveis de estresse são moderados, altos ou até Muito Alto a Extremos em cada dimensão e, com base nesses resultados, desenvolver intervenções específicas.

Após a avaliação inicial, entra em cena a fase de avaliação no T2, após um período de tempo ou após a intervenção. Essa segunda etapa de coleta de dados permite mensurar o progresso ou mesmo avaliar a eficácia das estratégias e intervenções aplicadas no intervalo entre estas mensurações. Comparando os resultados do T1 com os do T2, podemos identificar a variação dos níveis de estresse em cada dimensão.

Vejamos abaixo os aspectos de importância da avaliação da percepção do estresse em dois ou mais momentos: pré e pós-intervenção ou durante um processo de acompanhamento (T1 e T2):

1. **Monitoramento do Progresso**: Monitorar o progresso e ajustar as estratégias de intervenção conforme necessário.
2. **Validação de Intervenções**: Permite verificar se as intervenções estão demonstrando resultados positivos e percebidos pelo próprio indivíduo.
3. **Tomada de Decisão Informada**: Oferece informações para tomar decisões informadas sobre os próximos passos de intervenções, como a continuação, modificação ou encerramento das ações programadas.
4. **Empoderamento do Respondente**: Contribuir para o autoconhecimento do respondente, demonstrando pelos resultados suas ações e esforços que podem estar afetando seus níveis de estresse, promovendo o empoderamento e podendo trazer motivação para continuar as ações empreendidas.
5. **Melhoria na Qualidade de Vida**: A avaliação da percepção do estresse contribui para o conhecimento sobre a experiência do estresse e suas repercussões na vida, o que pode proporcionar orientações mais assertivas e direcionadas para o fortalecimento de estratégias de bem-estar e de equilíbrio emocional, assim como melhoria da qualidade de vida.

A avaliação longitudinal, realizada em dois ou mais momentos, é uma estratégia importante no atendimento personalizado e eficaz na gestão do estresse e na promoção da saúde mental. Essa abordagem, respaldada em evidências, busca apoiar o desenvolvimento do autoconhecimento, capacitando indivíduos a lidarem com situações estressantes de maneira mais assertiva e proporcionando maior controle na manutenção do bem-estar.

Ações preventivas e de suporte em diferentes níveis

Antes de qualquer análise, é importante ressaltar que é natural que as pessoas experimentem desconforto ocasional, enquadrado nos sintomas comuns de estresse. Isso, por si só, não deve ser interpretado como indicativo significativo de estresse crônico. Essa ressalva é essencial devido à possibilidade de um respondente assinalar vários itens sem, necessariamente, perceber o estresse como problemático.

A base para uma avaliação reside em facilitar o autoconhecimento e esclarecer a percepção da presença do estresse em áreas específicas onde os estressores se manifestam, persistem por um período e revelam a intensidade de sua expressão. Esse processo é fundamental para uma abordagem assertiva, permitindo uma compreensão mais refinada da dinâmica do estresse e, consequentemente, orientando a implementação de ações preventivas e de suporte adequadas em cada nível identificado.

Lembrar, sempre, de que a prevenção é uma jornada contínua. A implementação dessas sugestões de prevenção pode auxiliar na mitigação do estresse em suas cinco dimensões, promovendo um bem-estar geral. Contudo, caso as situações de estresse persistam ou se intensifiquem, é crucial buscar apoio profissional para uma gestão mais eficaz.

É fundamental comunicar os resultados desta ferramenta de maneira simples, evitando agravar o quadro de estresse com observações alarmantes. Destaca-se que o estresse é, na maioria dos casos, reversível, e existem tratamentos especializados que capacitam a pessoa a lidar eficazmente com essa condição. Sem criar um ambiente estressante ao apresentar os resultados, é igualmente importante não subestimar os perigos do estresse excessivo e prolongado não tratado.

No entendimento global dos resultados e nas orientações para intervenções futuras, considere que mudanças no estilo de vida podem ser uma maneira eficaz de tratamento e prevenção. Avalie o impacto das condições de trabalho na qualidade de vida e saúde física e mental, propondo uma nova dinâmica para atividades diárias e objetivos profissionais. Reserve momentos para descontração e lazer.

A partir de níveis moderados, reforça-se a importância da rede de apoio, composta por médicos, psiquiatras e psicólogos, especialmente em casos de suspeita de estresse agudo ou prolongado, associados a transtornos relacionados a traumas, transtornos de humor, ideação suicida e outros quadros psiquiátricos. Familiares e amigos também desempenham um papel essencial em intervenções mais abrangentes e assertivas.

MATRIZ DE RISCO AO ESTRESSE (MATRIX)

A seguir, antes de finalizar este capítulo, apresentamos de maneira breve um resumo da ferramenta Matriz de Risco ao Estresse (MATRIX). Você poderá encontrar mais informações sobre este instrumento e como adquirir licenças para utilização nos canais digitais da editora NilaPress **www.nilapress.com.br** ou **comercial@nilapress.com.br** e em suas revendas espalhadas pelo Brasil.

Objetivo e Escopo

O instrumento Matriz de Risco ao Estresse (MATRIX) tem por objetivo avaliar a percepção de riscos ao estresse relacionados às dimensões da vida pessoal, profissional, suporte familiar e social, assim como da reatividade psicológica e das estratégias de enfrentamento aos estressores.

Em termos de escopo ou grau de abrangência, o MATRIX é uma ferramenta que busca sistematizar e dar visibilidade a um conjunto de indicadores sobre a maneira como uma pessoa avalia e interpreta os perigos, ameaças e desafios aos quais foram ou são expostas, baseadas na frequência ou intensidade referidas. Ou seja, permite compreender como as pessoas respondem aos eventos ou situações estressores no cotidiano, com base na avaliação subjetiva do risco à saúde, segurança e integridade pessoal, assim como nas possíveis consequências psicofisiológicas, psicológicas e psicossociais já experimentadas.

Uma vez identificados os aspectos que mais contribuem para o aumento da probabilidade de risco ao estresse, seus impactos podem ser reduzidos e os prováveis fatores de risco podem ser objetos de intervenção e acompanhamento individual ou coletivo, conforme as características do contexto de investigação. Nessa direção, o processo de (auto)gestão do risco ao estresse pode ser direcionado conforme a percepção de alta, média ou baixa frequência e intensidade das situações examinadas pelos respondentes do MATRIX.

Material

O MATRIX é um instrumento composto por 45 sentenças (frases), que assinalam situações ou experiências de incômodo, desconforto ou desagradáveis, dispostas em duas escalas de respostas, visando aferir:

(a) a *frequência do estresse*, ou seja, a quantidade de vezes que ocorrem as situações ou experiências referidas, em determinado período, entre nunca e sempre;

(b) *intensidade do estresse*, ou seja, a magnitude ou força de como essas situações e experiências são percebidas – entre nenhuma e extrema intensidade.

Essas sentenças refletem 5 dimensões da avaliação do risco ao estresse: vida pessoal, vida profissional, suporte familiar e social, reatividade psicofisiológica e uso disfuncional de estratégias de enfrentamento ao estresse.

O MATRIX pode ser aplicado de maneira individual ou coletiva, em formato online (remoto) ou presencialmente, por meio de material impresso e caneta. O tempo médio de resposta é de aproximadamente 15 minutos. Sugere-se o uso do MATRIX com o suporte da tecnologia, seja na aplicação, nos procedimentos de apuração e de análise dos resultados, uma vez que permite a visualização dos resultados por meio de tabelas e gráficos, aliada à possibilidade de medição em períodos distintos e interpretação dos achados por parte dos profissionais avaliadores.

Público-alvo

O MATRIX pode ser utilizado na avaliação da percepção de risco ao estresse em diferentes perfis sociodemográficos, ocupacionais e clínicos, conforme a perspectiva e a finalidade da avaliação, incluindo jovens, adultos e idosos, compreendendo a faixa etária de 18 a 65 anos.

Contextos de utilização

O MATRIX é um instrumento de autoavaliação e de auxílio às equipes e gestores na identificação de riscos potenciais ao estresse, assim como no desenvolvimento de estratégias para lidar com as fontes de risco ao estresse, visando priorizar ações de prevenção, avaliação, intervenção e monitoramento da saúde e da segurança dos profissionais nos ambientes de trabalho.

Nesse sentido, o MATRIX pode ser utilizado em diferentes contextos e demandas relacionadas à saúde e ao desempenho socioprofissional:

(a) No campo da saúde do trabalhador, da medicina, da ergonomia e da psicologia do trabalho, em programas e ações de avaliação, prevenção e monitoramento de riscos ao estresse nos ambientes de trabalho, inclusi-

ve na avaliação de riscos psicossociais relacionados ao trabalho;

(b) Nos serviços de atenção à saúde e cuidados primários, voltados à avaliação e prevenção de riscos ao estresse em profissionais da saúde, assim nos serviços de triagem, diagnóstico e encaminhamento para cuidados profissionais especializados, quando necessário;

(c) Em processos de avaliação psicológica, em diferentes contextos, quando houver a necessidade de avaliação de fatores de riscos ao estresse e ao burnout em grupos ou populações específicas;

(d) Em processos clínicos especializados, tais como psicoterapia e reabilitação em saúde mental, a fim de identificar riscos ao estresse, tendo em vistas as condições clínicas dos pacientes;

(e) Na pesquisa científica, como instrumento de coleta de dados sobre fontes e fatores de risco ao estresse, de forma transversal ou comparativamente, em diferentes momentos e grupos.

Referências

AMERICAN EDUCATIONAL RESEARCH ASSOCIATION, American Psychological Association, National Council on Measurement in Education. (2014). *Standards for educational and psychological testing.* Washington, DC: American Psychological Association.

AMERICAN PSYCHIATRIC ASSOCIATION (2014a). *DSM-5: Manual diagnóstico e estatístico de transtornos men-*

tais [tradução: Maria Inês Corrêa Nascimento *et al.*], 5. ed. Porto Alegre: Artmed.

AMERICAN PSYCHIATRIC ASSOCIATION (2014b). *Referência rápida aos critérios diagnósticos do DSM-5*. Tradução: Maria Inês Corrêa Nascimento. Porto Alegre: Artmed.

ANUNCIAÇÃO, L. (2018). An overview of the history and methodological aspects of psychometrics-history and methodological aspects of psychometrics. Journal for ReAttach Therapy and Developmental Diversities, 1(1), 44-58. Disponível em: https://doi.org/10.31235/osf.io/mtfjy.

_____; PORTUGAL, A. C. (2020). A case study on strengthening the link between psychometrics, assessment, and intervention in Autism Spectrum Disorder (ASD). In A. Singh, M. Viner, & C. J. Yeh (Orgs.), *Special education design and development tools for school rehabilitation professionals* (pp. 154-171).

ASMUNDSON, G. J. G.; TAYLOR, S. (2020). Coronaphobia: fear and the 2019-nCoV outbreak. Journal of Anxiety Disorders, 70, 102196. Disponível em: http://dx.doi.org/10.1016/j.janxdis.2020.102196.

BAUMGARTL, V. O. *et al.* (2009). Integridade e externalização: estudo exploratório em uma amostra de estudantes de psicologia. Psico-USF [online]; 14(3), pp. 299-308. Disponível em: https://doi.org/10.1590/S1413-82712009000300006.

BELLUSCI, S. M. (2017). *Doenças profissionais ou do trabalho*. 12. ed. São Paulo: Senac.

BRADLEY, A. J.; DINAN, T. G. (2010) A systematic review of hypothalamic-pituitary-adrenal axis function in schizophrenia: implications for mortality. *Journal of psychopharmacology*, 24(11), 91-118. Disponível em: https://doi.org/110.1177/1359786810385491.

BURGARD, S. A.; LIN, K. Y. (2013). Bad Jobs, Bad Health? How Work and Working Conditions Contribute to Health Disparities. *American Behavior Science*, 57(8): 1105–1127. Disponível em: https://doi.org/10.1177/0002764213487347.

CANIVET, C.; CHOI, B.; KARASEK, R.; MOGHADDASSI, M.; Staland-Nyman, C.; Östergren, P. (2013). Can high psychological job demands, low decision latitude, and high job strain predict disability pensions? A 12–year follow-up of middle-aged Swedish workers. *International Archives of Occupational and Environmental Health*, 86(3), 307-319.

CHARMANDARI, E.; TSIGOS, C.; CHROUSOS, G. (2005). Endocrinology of the stress response. *Annu. Rev. Physiol.*, 67, 259-284. Disponível em: https://doi.org/10.1146/annurev.physiol.67.040403.120816.

CHEN, M.; RAN, B.; GAO, X.; YU, G.; WANG, J., & Jagannathan, J. (2021). Evaluation of occupational stress management for improving performance and productivity at workplaces by monitoring the health, well-being of workers. *Aggression and Violent Behavior*, 101713. Disponível em: https://doi.org/10.1016/j.avb.2021.101713.

ELLIS, B. J.; JACKSON, J. J.; BOYCE, W. T. (2006). The stress response systems: Universality and adaptive individual differences. *Developmental Review, 26*(2), 175-212. Disponível em: https://doi.org/10.1016/j.dr.2006.02.004.

EPEL, E. S.; CROSSWELL, A. D.; MAYER, S. E.; PRATHER, A. A.; SLAVICH, G. M.; PUTERMAN, E.; MENDES, W. B. (2018). More than a feeling: A unified view of stress measurement for population science. Frontiers in neuroendocrinology, 49, 146-169. Disponível em: https://doi.org/10.1016/j.yfrne.2018.03.001.

FINK, G. (2016). Outlined: Lessons from Anxiety. In: George Fink (Org). *Stress: Concepts,Cognition, Emotion and Behavior*, 3-9, NY: Elsevier.

FOLKMAN, S.; LAZARUS, R. S.; DUNKEL-SCHETTER, C.; DELONGIS, A.; GRUEN, R. J. (1986). Dynamics of a stressful encounter: Cognitive appraisal, coping, and encounter outcomes. *Journal of Personality and Social Psychology, 50*(5), 992–1003. Disponível em: https://doi.org/10.1037/0022-3514.50.5.992.

GRANT, F.; GUILLE, C.; SEN, S. (2013). Well-being and the risk of depression under stress. *PLoS one, 8*(7), e67395. Disponível em: https://doi.org/10.1371/journal.pone.0067395.

HAKANEN, J. J.; SCHAUFELI, W. B. (2012). Do burnout and work engagement predict depressive symptoms and life satisfaction? A three-wave seven-year prospective study. *Journal of Affective Disorders*, 141, 415-424. Disponível em: https://doi.org/10.1016/j.jad.2012.02.043.

_____; SCHAUFELI, W. B.; AHOLA, K. (2008). The Job Demands-Resources model: A three-year cross-lagged study of burnout, depression, commitment, and work engagement. *Work & Stress*, 22, 224-241. Disponível em: https://doi.org/10.1080/02678370802379432.

HANNIGAN, B.; EDWARDS, D.; BURNARD, P. (2004). Stress and stress management in clinical psychology: Findings from a systematic review. *Journal of Mental Health*, *13*(3), 235-245. Disponível em: https://doi.org/10.1080/09638230410001700871.

INTERNATIONAL STRESS MANAGEMENT ASSOCIATION NO BRASIL – ISMA-BR (2022). Disponível em: http://www.ismabrasil.com.br/.

IVANCEVIC, V.; IVANCEVIC, T. (2007). Applied Differential Geometry: A Modern Introduction. World Scientific, Singapore. Disponível em: https://doi.org/10.1142/6420.

JACKSON, M.; RAMSDEN, E.; CANTOR, D. (2014). Evaluating the role of Hans Selye in the modern history of stress. Stress, shock, and adaptation in the twentieth century. In: Cantor, D., Ramsden, E. (Eds.), *Stress, shock, and adaptation in the Twentieth Century.* pp. 21-48). Boydell and Brewer.

JAFFE, D. T. (1995). The healthy company: research paradigms for personal and organizational health. *In*: S. L. Sauter e L. R. Murphy (org). *Organizational risk factors for job stress* (pp.13-40). Washington, DC: American Psychological Association.

KLOET, E. R. de; KLOET, S. F. de; KLOET, C. S. de; KLOET, A. D. de. (2019). Top-down and bottom-up control of stress-coping. Journal of neuroendocrinology, 31(3), e12675. Disponível em: https://doi.org/10.1111/jne.12675.

LAZARUS, R. S.; FOLKMAN, S. (1984). Stress, appraisal and coping. New York: Springer.

LIMA, M. E. A (1996). A pesquisa em saúde mental e trabalho. Trabalho, organizações e cultura. São Paulo: Cooperativa de autores associados.

LI, X.; LYU, H. (2021). Epidemic risk perception, perceived stress, and mental health during COVID-19 pandemic: A moderated mediating model. *Frontiers in Psychology, 11*, 563741. Disponível em: https://doi.org/10.3389/fpsyg.2020.563741.

LIPP, M. E. N. (2006). Teoria de temas de vida do stress recorrente e crônico. Boletim *Academia Paulista de Psicologia, 26*(3), 82-93. Disponível em: https://www.redalyc.org/articulo.oa?id=94626311.

_____. (2017). O treino de controle do stress em grupo. *In:* C. B. Neufeld; B. Range (Orgs). *Terapia Cognitivo Comportamental em Grupos*, 301-318, Porto Alegre: ArtMed.

_____. (2021). ISSL-R – Inventário de sintomas de stress para adultos de LIPP – Manual técnico. São Paulo: NilaPress.

_____; Malagris, L. E. N. (2001). O stress emocional e seu tratamento. *In:* B. Rangé. *Psicoterapias cognitivo-comportamentais*, (pp. 475-490). São Paulo: Artmed.

_____; TRICOLI, V. C. (2023). Stress nas escolas: durante e após a Pandemia da COVID-19. Belo Horizonte: Editoras Artesã e NilaPress.

MASLACH, C. (1994). Stress, burnout, and workaholism. *In:* R. Kilburg; P. E. Nathan; R. W. Thoreson (Orgs.), *Professionals in distress: Issues, syndromes, and solutions in psychology* (pp. 53-75). Washington: American Psychological Association.

_____; JACKSON, S. E. (1984). Burnout in organization settings. *In:* OSPAMP, S. (Ed.) *Applied Social Psychology Annual 5.* (pp. 133-154). Bewverly Hills Sage.

_____; LEITE, M. P. (1999). Trabalho: Fonte de prazer ou desgaste? Guia vencer o estresse na empresa. Campinas: Papirus.

_____; SCHAUFELI, W. B.; LEITER, M. P. (2001). Job Burnout. *Annual Review of Psychology,* 52, 397-422. Disponível em: https://doi.org/10.1146/annurev.psych.52.1.397.

MARTINS, B. G.; SILVA, W. R. da; MAROCO, J.; CAMPOS, J. A. D. B. (2019). Escala de Depressão, Ansiedade e Estresse: propriedades psicométricas e prevalência das afetividades [Depression, Anxiety, and Stress Scale: Psychometric properties and affectivity prevalence]. *Jornal Brasileiro de Psiquiatria, 68(*1), 32–41. Disponível em: https://doi.org/10.1590/0047-2085000000222.

MARTINS, R. M. B.; BOMFIM, F. N. G.; GOUVEIA, L. Q.; COSTA SPONTAN, O. da; MELO, C. M. I. de; BEZERRA, L. A.; PIMENTEL, D. M. M. (2021). Estresse em alunos de preparatórios para vestibular. *Brazilian Journal of Health Review,* 4(3), 10639-10651. Disponível em: https://doi.org/10.34119/bjhrv4n3-083.

MCEWEN, B. S. (2005). Stressed or stressed out?: what is the difference? *Journal of psychiatry and neuroscience,* 30(5), 315-318. Disponível em: https://www.jpn.ca/content/jpn/30/5/315.full.pdf.

_____. (2006). Protective and damaging effects of stress mediators: central role of the brain. Dialogues in clinical neuroscience. 8(4), 367-381. Disponível em: https://doi.org/10.31887/DCNS.2006.8.4/bmcewen.

MCEWEN, B. S. (2008). Central effects of stress hormones in health and disease: understanding the protective and damaging effects of stress and stress mediators. *Eur j pharmacol. 583(2-3)*, 174-185. Disponível em: https://doi.org/10.1016/j.ejphar.2007.11.071.

MULLER, K. P.; ROODT, G. (2013). Content validation: The forgotten step-child or a crucial step in assessment centre validation?. *SA Journal of Industrial Psychology, 39*(1), 1-15. Disponível em: https://doi.org/10.4102/sajip.v39i1.1153.

MUROFUSE, N. T.; ABRANCHES, S. S.; NAPOLEÃO, A. A. (2005). Reflexões sobre estresse e Burnout e a relação com a enfermagem. Rev. Latino-Am. Enfermagem, 13, 255-261. Disponível em: https://doi.org/10.1590/S0104-11692005000200019.

NAKAMURA, K.; MORRISON, S. F. (2022). Central sympathetic network for thermoregulatory responses to psychological stress. *Autonomic Neuroscience, 237*, 102918. Disponível em: https://doi.org/10.1016/j.autneu.2021.102918.

NASSIF, A. (2005). As fontes de mudança da eficiência técnica da indústria brasileira após a liberalização comercial: uma estimação econométrica por dados de plantas. Economia Aplicada, 9(1), 301-24. Disponível em: http://www.andrenassif.com.br/arquivos/revista_de_economia_aplidada_abr_jun_2005.pdf.

NESSE, R. M.; BHATNAGAR, S.; ELLIS, B. (2016). Evolutionary origins and functions of the stress response system. Stress: Concepts, cognition, emotion, and behavior, 95-101. Disponível em: https://doi.org/10.1016/B978-0-12-800951-2.00011-X.

NUSSBAUM, A. M. (2015). Guia para o exame diagnóstico segundo o DSM-5. Porto Alegre: Artmed Editora.

ORGANIZAÇÃO MUNDIAL DA SAÚDE (1996). Classificação Estatística Internacional de Doenças e Problemas Relacionados à Saúde: CID-10. Décima revisão. 3. ed. São Paulo: EDUSP.

O'CONNOR, D. B.; FERGUSON, E. (2016). Stress and stressors. *In:* Y. Benyamini; M. Johnston; E. C. Karademas (Eds.), *Assessment in health psychology* (pp. 103-117). Hogrefe Publishing.

_____; THAYER, J. F.; VEDHARA, K. (2021). Stress and health: A review of psychobiological processes. *Annual review of psychology, 72,* 663-688. Disponível em: https://doi.org/10.1146/annurev-psych-062520-122331.

OLIVEIRA, E. A. de (2006). Delimitando o conceito de stress. *Ensaios e Ciência, 1*(1), 11-18. Disponível em: https://www.esalq.usp.br/lepse/imgs/conteudo_thumb/mini/Delimitando-o-conceito-de-stress.pdf.

ORGANIZAÇÃO PANAMERICANA DE SAÚDE (2019). CID: burnout é um fenômeno ocupacional. Disponível em: https://www.paho.org/pt/noticias/28-5-2019-cid-burnout-e-um-fenomeno-ocupacional.

PACAK, K.; PALKOVITS, M. (2001). Stressor specificity of central neuroendocrine responses: implications for stress-related disorders. *Endocrine Reviews, 22,* 502-548. Disponível em: https://doi.org/10.1210/edrv.22.4.0436.

____; PALKOVITS, M.; YADID, G.; KVETNANSKY, R.; KOPIN, I. J.; GOLDSTEIN, D. S. (1998). Heterogeneous neurochemical responses to different stressors: a test of Selye's doctrine of nonspecificity. *American Journal of Physiology, 275*, 1247-1255. Disponível em: https://doi.org/10.1152/ajpregu.1998.275.4.R1247.

PINHEIRO, G. D. A.; LUNA, G. I.; SANTOS, R. A. C. dos; PIMENTEL, S. F. P.; VARÃO, A. C. (2020). Estresse percebido durante período de distanciamento social: diferenças entre sexo. *Brazilian Journal of Health Review, 3*(4), 10470-10486. Disponível em: https://doi.org/10.34119/bjhrv3n4-264.

RABELO, I. S.; PENA, S. G.; CRUZ, R. M.; LEME, I. F. A. S.; ANUNCIAÇÃO, L. (2023). Matriz de Risco ao Estresse (MATRIX) – manual técnico. São Paulo: Editora NilaPress.

RAITANO, R. E.; KLEINER, B. H. (2004). Stress management: stressors, diagnosis, and preventative measures. *Management Research News, 27*(4/5), 32-38. Disponível em: https://doi.org/10.1108/01409170410784446.

REEVES, T. D.; MARBACH-AD, G. (2016). Contemporary test validity in theory and practice: A primer for discipline-based education researchers. *CBE—Life Sciences Education, 15*(1), rm1. Disponível em: https://doi.org/10.1187/cbe.15-08-0183.

RUSSELL, G.; LIGHTMAN, S. (2019). The human stress response. *Nature reviews endocrinology, 15*(9), 525-534. Disponível em: https://doi.org/10.1038/s41574-019-0228-0.

SADIR, M. A.; BIGNOTTO, M. M.; LIPP, M. E. N. (2010). Stress e qualidade de vida: influência de algumas variáveis pessoais. Paidéia (Ribeirão Preto), 20(45), 73-81. Disponível em: https://doi.org/10.1590/S0103--863X2010000100010.

SCHAUFELI, W. B. (2017). The Job Demands-Resources model: A 'how to' guide to increase work engagement and prevent burnout. *Organizational Dynamics*, 46, 120-132. Disponível em: https://doi.org/10.1016/j.orgdyn.2017.04.008.

_____; ENZMANN, D. (1998). The burnout companion to study and practice: A critical analysis. CRC press.

_____; TARIS, T. W. (2014). A critical review of the Job Demands-Resources Model: Implications for improving work and health. *In:* G. Bauer & O. Hämmig (Eds), *Bridging occupational, organizational and public health* (pp. 43-68). Dordrecht: Springer.

_____; WITTE, H.; DESART, S. (2019). Manual Burnout Assessment Tool (BAT). KU Leuven, Belgium: Unpublished internal report.

_____; WITTE, H. (2017). Work engagement in contrast to burnout: real and redundant! *Burnout Research*, 5, 58-60. Disponível em: https://doi.org/10.1016/j.burn.2017.06.002

SCHNEIDERMAN, N.; IRONSON, G.; SIEGEL, S. D. (2005). Stress and health: psychological, behavioral, and biological determinants. *Annual review of clinical psychology, 1*, 607–628. Disponível em: https://doi.org/10.1146/annurev.clinpsy.1.102803.144141.

SELYE, H. (1936). A syndrome produced by diverse nocuous agents. *Nature, 138*(3479), 32-32. Disponível em: https://www.nature.com/articles/138032a0.pdf.

_____. (1956). Stress and psychiatry. *American Journal of Psychiatry, 113*(5), 423-427. Disponível em: https://doi.org/10.1176/ajp.113.5.423.

_____. (1956). *The Stress of Life.* New York: McGraw-Hill.

SHIMAZU, A.; SCHAUFELI, W. B.; KUBOTA, K.; KAWAKAMI, N. (2018). Is much work engagement beneficial? Linear and curvilinear effects on mental health and performance. PLoS ONE, 13 (12) Disponível em: https://doi.org/10.1016/j.knosys.2018.10.026.

SILVA, J. F. da; SILVEIRA, M. C.; SANTOS, A. A. dos; RESENDE, M. A.; ASSIS, B. C. S. de (2020). Síndrome de Burnout em profissionais de Enfermagem no contexto da Atenção Básica. *Revista Eletrônica Acervo Saúde,* (39), e2320-e2320. Disponível em: https://doi.org/10.25248/reas.e2320.2020.

SLAVICH, G. M. (2016). Life stress and health: A review of conceptual issues and recent findings. *Teaching of Psychology, 43*(4), 346-355. Disponível em: https://doi.org/10.1177/0098628316662.

SLOVIC, P. E. (2000). *The Perception of Risk.* London: Earthscan publications.

SOUSA, M. B. C. D.; SILVA, H. P. A.; GALVÃO-COELHO, N. L. (2015). Resposta ao estresse: I. Homeostase e teoria da alostase. *Estudos de Psicologia (Natal), 20,* 2-11. Disponível em: https://doi.org/10.5935/1678-4669.20150002.

TAN, S. Y.; YIP, A. (2018). Hans Selye (1907–1982): Founder of the stress theory. Singapore medical journal, 59(4), 170. Disponível em: https://doi.org/10.11622/smedj.2018043.

THE AMERICAN INSTITUTE OF STRESS (2017). *What is stress?* Disponível em: https://www.stress.org/what-is--stress.

TRICOLI, V. A. C.; LIPP, M. E. N. (2005). Escala de Stress para adolescentes – ESA. São Paulo: Casa do Psicólogo.

TRÓGOLO, M. A.; MORERA, L. P.; CASTELLANO, E.; SPONTÓN, C.; MEDRANO, L. A. (2020). Work engagement and burnout: real, redundant, or both? A further examination using a bifactor modelling approach. *European Journal of Work and Organizational Psychology, 29*(6), 922-937. Disponível em: https://doi.org/10.1080/1359432X.2020.1801642.

VANITALLIE, T. B. (2002). Stress: a risk factor for serious illness. *Metabolism-Clinical and Experimental, 51*(6), 40-45. Disponível em: https://doi.org/10.1053/meta.2002.33191.

VAZQUEZ, A. C. S.; PIANEZOLLA, M.; HUTZ, C. S. (2018). Assessment of psychosocial factors at work: A systematic review. Estudos de Psicologia (Campinas), 35, 5-13. Disponível em: https://doi.org/10.1590/1982-02752018000100002.

VAZQUEZ, A. C. S.; PIANEZOLLA, M.; HUTZ, C. S. (2018). Assessment of work psychosocial factors: A systematic review. *Estudos de Psicologia (Campinas), 35*(1), 5-13. Disponível em: https://doi.org/10.1590/1982-02752018000100002.

VIGNOLA, R. C. B.; TUCCI, A. M. (2014). Adaptation and validation of the depression, anxiety and stress scale (DASS) to Brazilian Portuguese. *Journal of affective disorders,* *155,* 104-109. Disponível em: https://doi.org/10.1016/j.jad.2013.10.031.

VIGNOLA, R. C. B. (2013). Escala de depressão, ansiedade e estresse (DASS): adaptação e validação para o português do Brasil. 2013. 80 f. *Dissertação (Mestrado) – Instituto de Saúde e Sociedade,* Universidade Federal de São Paulo (UNIFESP).

VINER, R. (1999). Putting stress in life: Hans Selye and the making of stress theory. Social studies of science, 29(3), 391-410. Disponível em: https://doi.org/10.1177/030631299029003.

WETHINGTON, E.; GLANZ, K.; SCHWARTZ, M. D. (2015). Stress, coping, and health behavior. *In:* K. Glanz, B. K. Rimer, & K. Viswanath (Eds.). *Health behavior: Theory, research, and practice,* (pp. 223-242). John Wiley & Sons.

WHEATON, B.; MONTAZER, S. (2010). Stressors, stress, and distress. *In:* T. L. Scheid; E. R. Wright (Eds.). *A handbook for the study of mental health,* (pp. 171-199). Cambridge University.

XANTHOPOULOU, D.; BAKKER, A. B.; DEMEROUTI, E.; SCHAUFELI, W. B. (2009). Reciprocal relationships between job resources, personal resources, and work engagement. *Journal of Vocational behavior,* 74(3), 235-244. Disponível em: https://doi.org/10.1016/j.jvb.2008.11.003.

Sobre os Autores
Ivan Sant'Ana Rabelo

Psicólogo e Diretor na Editora NilaPress. Doutor em Ciências pela Universidade de São Paulo (USP).

Pós-doutorado em Psicologia do Trabalho no Laboratório Fator Humano (UFSC). Estágio pós-doutoral no Grupo de Estudos Olímpicos (USP). Mestre em Avaliação Psicológica (USF). Docente em cursos de pós-graduação, especialização e extensão. Autor de testes psicológicos de personalidade, atenção, memória, inteligência etc. aprovados pelo Sistema de Avaliação de Testes Psicológicos (SATEPSI-CFP). Psicólogo Perito Examinador de Trânsito. Experiência em Recursos Humanos, orientação profissional e de carreira, psicologia do esporte, criação e adaptação de testes psicológicos e outras medidas.

Soraia Pena

Psicóloga com Especialização em Gestão de Pessoa: Liderança, Carreira e Coaching pela PUCRS e Neurociência, Comportamento e Desempenho pelo IPOG, Certificação em Gerenciamento do Stress pela ISMABR - Florida State University e Chief Happiness Officer pelo Instituto Feliciência - Woohoo Partners, com outras certificações e formações complementares em áreas correlatas, destacando-se na Psicodinâmica do Trabalho pela USP, Atualização em Transtornos Mentais relacionados ao Trabalho IPQ FMUSP e Saúde Mental nas Organizações pelo Centro de Estudos do Hospital Israelita Albert Einstein. Docente pelo SENAC, COGEAE PUC-SP e convidada pela FGV.

Roberto Moraes Cruz

Psicólogo (CRP 12/1418), especialista em avaliação psicológica, ergonomia e psicologia ocupacional, doutor em engenharia de produção, pós-doutorado em Métodos e Diagnóstico em Psicologia e em Saúde Coletiva. Professor e pesquisador do Departamento e Programa de Pós-Graduação em Psicologia da Universidade Federal de Santa Catarina. Líder do Laboratório Fator Humano (UFSC) e pesquisador do Núcleo de Pesquisa em Neuropsicologia em Saúde (Hospital Universitário-UFSC). Linhas de pesquisa: 1) construção e adaptação de métodos e instrumentos de avaliação de processos psicofisiológicos, psicológicos e psicossociais; 2) avaliação de aspectos clínicos e epidemiológicos em saúde no trabalho; 3) avaliação de fatores humanos em ambientes isolados, confinados e Extremos (ICE). Autor de testes psicológicos, consultor em programas de saúde e segurança no trabalho, perito psicólogo nas áreas civil e trabalhista.

Irene F. Almeida de Sá Leme

Psicóloga e Diretora de Pesquisa na Editora NILA-PRESS. Graduação em Psicologia com Pós-Graduação em Gerência de Recursos Humanos e Especialização em Administração e Recursos Humanos pela FGV/SP. Atuou como gerente de Recursos Humanos na FPHESP. Coordenou o Departamento de Pesquisa e Produção de Testes da Editora Casa do Psicólogo/SP. Autora de Testes Psicológicos e Livros. Experiência na área de avaliação psicológica, psicologia da saúde, recursos humanos, construção e elaboração de estudos de normas e validade de instrumentos psicológicos, psicopedagógicos, entre outros.

Luis Anunciação

Doutor em Psicometria (PUC-Rio e Universidade de Oregon), Mestre em Saúde Pública (UERJ), Especialista em Neuropsicologia e Bioestatística. Atualmente, professor do Departamento de Psicologia da PUC-Rio, consultor da Editora NilaPress para desenvolvimento de novas medidas psicológicas e educacionais. É autor de mais de 50 artigos científicos publicados em periódicos internacionais, além de testes psicológicos aprovados pelo Sistema de Avaliação de Testes Psicológicos (SATEPSI-CFP). Expertise nas linguagens de programação R e Python.

CAPÍTULO 12

Fomentando a Saúde Mental no Trabalho: Construindo uma Mentalidade de Bem-Estar nas Organizações

Soraia Pena
Ivan Sant'Ana Rabelo

"O verdadeiro bem-estar não é apenas ausência de doença, mas a presença de vitalidade e equilíbrio emocional. Construir uma mentalidade de saúde mental é o caminho para florescermos tanto individualmente quanto nas organizações."
John Kabat-Zinn, em seu livro
"Wherever You Go, There You Are: Mindfulness Meditation in Everyday Life"

Agora que estamos no último capítulo deste livro, que tal separarmos uns minutinhos para fazermos uma viagem imaginária? Imagine que o ambiente de trabalho é uma bela horta, e a saúde mental dos profissionais são as sementes preciosas que queremos plantar. Para que essas sementes possam brotar, crescer, florescer e dar frutos, precisamos dedicar um cuidado especial ao nosso solo, assegurando que as condições sejam ideais para o seu desenvolvimento. É o mesmo que acontece com o nosso ambiente de trabalho: quando cultivamos uma mentalidade focada na saúde e bem-estar, estamos preparando o terreno para que nossos profissionais possam prosperar.

Agora, isso não é só uma metáfora romântica. Há estudos que comprovam a importância desse cuidado! Facilmente encontramos pesquisas e livros que discorrem sobre as melhorias significativas que as empresas que dão atenção à saúde mental no local de trabalho experimentam em seus resultados. Estamos falando de aumento na produtividade, maior satisfação e engajamento dos profissionais e até diminuição nos pedidos de demissão. Ou seja, todos os envolvidos ganham!

Então, como fazemos para cultivar essa mentalidade de saúde mental em nosso ambiente de trabalho? Como criamos as condições ideais para que as 'sementes' de nossos profissionais possam florescer e prosperar? Essas são questões importantes que devemos considerar se queremos construir um local de trabalho saudável, produtivo e gratificante.

Entender e praticar a conscientização e promoção da saúde mental no trabalho é como se tornar um bom jardineiro: precisamos conhecer as necessidades de cada semente, oferecer os nutrientes certos e estar prontos para cuidar de problemas que possam surgir. Com o tempo, cuidado e dedicação, veremos as maravilhosas 'plantas' que nossos profissionais podem se tornar, contribuindo para um ambiente de trabalho mais próspero e saudável. E é exatamente sobre isso que vamos falar a seguir.

Conscientização Sobre a Saúde Mental

A promoção da saúde mental no ambiente de trabalho transcende o simples ato de conscientização; no entanto, é inegável que conscientizar sobre temas sensíveis é um pilar essencial para o desenvolvimento sustentável de qualquer empresa. Através da quebra de estigmas, do fomento do diálogo e da disponibilização de recursos adequados, as empresas possibilitam que seus colaboradores enfrentem seus sofrimentos emocionais com dignidade e confiança. A compreensão e ação corporativa nesta esfera não apenas atraem talentos, devido à demonstração clara de empatia e consideração pelo bem-estar individual, mas também geram um ambiente em que os colaboradores se sentem engajados, apresentam menor taxa de absenteísmo ou presenteísmo e têm uma predisposição mais vigorosa para inovação e superação de obstáculos.

Entendemos que as organizações devem implementar estratégias proativas e abrangentes para criar um ambiente de trabalho saudável e apoiador. Isso inclui a introdução de programas de bem-estar, identificação e manejo de questões relacionadas à saúde mental dos profissionais, fornecimento de recursos para o tratamento, promoção de uma cultura de inclusão e suporte, oferecimento de treinamento relevante e manutenção de canais de comunicação abertos e acessíveis para discussões relacionadas ao bem-estar no trabalho.

Além disso, é imperativo que as práticas corporativas transcendam o cumprimento das leis trabalhistas e padrões reconhecidos, engajando-se ativamente em diálogos contínuos sobre práticas laborais saudáveis e construindo um ambiente de confiança e respeito mútuo. As empresas devem, então, adotar políticas que respeitem os direitos humanos, promovam a equidade salarial, garantam igualdade de tratamento para todos os profissionais, equilibrem o tempo de trabalho e lazer, forneçam benefícios adequados e mantenham boas relações com as entidades representativas dos trabalhadores.

Contudo, há infelizmente uma desconexão notável entre o discurso corporativo e a prática, conforme evidenciado pelo Relatório Great Place to Work – GPTW "Tendências 2023". Embora a saúde mental esteja emergindo como uma prioridade para os departamentos de gestão de pessoas, com 27,4% das prioridades focadas na saúde mental dos profissionais em 2023, o investimento adequado nesta área ainda está para ser realizado. Segundo o relatório, 96,4% dos respondentes consideram a saúde mental uma questão crucial, mas apenas 49,7% afirmam que existem fundos alocados para iniciativas de saúde mental. Em contraste, 90% das melhores empresas para trabalhar em 2022 implementaram práticas de saúde mental e bem-estar nos últimos 20 meses. Essas discrepâncias destacam a necessidade urgente de alinhar as práticas corporativas com as necessidades de saúde mental dos profissionais.

No entanto, há bons exemplos de empresas brasileiras renomadas que têm se destacado em suas iniciativas voltadas para a saúde mental. O Magazine Luiza, gigante do varejo nacional, em sua busca constante pela excelência corporativa, instituiu diversos programas que se concentram nesta questão. Eles não se limitam a oferecer palestras e *workshops*, mas estendem-se a sessões terapêuticas, refletindo um genuíno comprometimento com a integridade mental de sua equipe.

A Natura, indústria e comércio de produtos cosméticos, por sua vez, sempre esteve à frente ao abordar questões sociais e, no domínio da saúde mental, não é diferente. A empresa enfatiza a conexão humana, ampliando a escuta ativa e a empatia em suas práticas. A disponibilidade de plataformas *online* com especialistas é um testemunho do seu comprometimento em auxiliar seus colaboradores, principalmente em situações mais adversas (Oliveira, 2020).

Almeida e Costa (2019) corroboram sobre a visão estratégica de tal investimento, apontando um retorno significativo para empresas que se dedicam ao bem-estar mental de seus colaboradores, especialmente quando ponderamos sobre a diminuição de despesas relacionadas a afastamentos e intervenções médicas.

Em resumo, a promoção da saúde mental é um imperativo para organizações contemporâneas. Ao investir em recursos, treinamentos e diálogo transparente, as empresas solidificam um ambiente em que os colaboradores percebem a relevância da saúde mental e são motivados a buscar assistência quando necessário. Mais do que uma mera responsabilidade social, essa conscientização representa uma aposta assertiva no futuro e sucesso da empresa.

Promoção da Comunicação Aberta

Em qualquer organização, a saúde mental dos colaboradores é um pilar essencial para o crescimento e bem-estar de todos, embora esse tema só esteja sendo descortinado pós-pandemia. Passeando pelos capítulos desta obra e entendendo a importância desse tema, é fundamental defender a promoção do diálogo transparente e sem barreiras sobre saúde mental no ambiente profissional.

Ao estabelecer um ambiente em que os colaboradores se sintam amparados para expressar seus sentimentos e preocupações relativas à sua saúde mental, potencializa-se a busca por auxílio e estratégias adaptativas. Deste modo, diminuem-se o estigma e a resistência em abordar tais temas.

A relevância disso pode ser exemplificada através de pesquisas acadêmicas. Por exemplo, um estudo conduzido por Van Hees (2023), na Holanda, evidenciou que, nas empresas onde se promove uma cultura de abertura em relação à saúde mental, os colaboradores tendem a se sentir mais à vontade para discutir suas preocupações nesse contexto. A abertura para o diálogo, neste sentido, é um recurso valioso para o bem-estar coletivo.

O Brasil tem exemplos notáveis como o Magazine Luiza e o Nubank. Estas empresas têm reconhecido a importância de cuidar da saúde emocional de seus colaboradores e, assim, potencializam a performance e a satisfação de sua equipe.

O cuidado com a saúde mental no trabalho não só aumenta a produtividade, como também melhora o engajamento de seus colaboradores, promove um ambiente organizacional harmonioso e propicia qualidade de vida aos seus profissionais. Empresas que incorporam práticas de bem-estar mental são vistas como referência e, consequentemente, atraem profissionais mais qualificados e tidos como talentos.

Em muitas empresas a tecnologia tem sido uma grande aliada nesse processo, permitindo que pessoas possam interagir, compartilhar suas experiências e buscar apoio de maneira mais rápida e acessível. Fóruns, *chats* e plataformas *online* especializados em psicoterapia por meio virtual têm ganhado espaço como ferramentas de suporte.

Sabemos que, embora a tecnologia represente uma ferramenta poderosa para facilitar diversos processos nas organizações, ela não é a panaceia para todos os desafios enfrentados, especialmente quando se trata de saúde mental. Nesse contexto, a empatia emerge como uma qualidade inestimável. Muitos especialistas e líderes chegam a descrevê-la como um verdadeiro "superpoder", dada a sua influência profunda nas relações humanas. A empatia, que se traduz de forma simplificada na capacidade de se colocar no lugar do próximo, de reconhecer e compreender genuinamente suas emoções e angústias, vai muito além de uma habilidade desejável. Ela se estabelece como uma competência fundamental para todos os membros de uma organização, independentemente de seus cargos ou funções.

A razão para essa ênfase na empatia reside no fato de que o ambiente de trabalho é, em sua essência, um mosaico de relações humanas interconectadas. Estas relações são a espinha dorsal das organizações e determinam, em grande medida, a atmosfera e a cultura corporativas. E, assim como qualquer relação de qualidade, a interação no ambiente de trabalho se beneficia enormemente do entendimento mútuo. Quando os indivíduos se sentem entendidos, valorizados e apoiados, não apenas a satisfação individual aumenta, mas também a coesão do grupo e a eficiência organizacional como um todo.

Também é relevante mencionar que a promoção da saúde mental no trabalho não deve ser uma responsabilidade apenas da empresa ou de seus líderes. Cada indivíduo tem um papel nesse processo, seja buscando ajuda quando necessário, seja oferecendo apoio e compreensão a seus colegas. Quando cada pessoa assume sua responsabilidade e se envolve ativamente na construção de um ambiente saudável, os resultados são significativamente mais expressivos.

A abordagem aberta e transparente sobre saúde mental no ambiente de trabalho é uma jornada contínua de aprendizado, adaptação e inovação. Empresas que investem nesse aspecto, como Magazine Luiza e Nubank, estão na vanguarda, mas o desafio é fazer dessa prática uma norma em todas as organizações.

Afinal, cuidar da mente é cuidar do bem mais precioso: o ser humano.

Formação das Lideranças

Liderar não é apenas sobre direcionar tarefas ou estabelecer metas. Os líderes, em sua essência, são os pilares de uma organização. São eles que têm a responsabilidade de moldar a cultura de uma empresa, de instaurar os valores que guiam o comportamento da equipe e, sobretudo, de influenciar a atmosfera do ambiente de trabalho.

Quando falamos em promoção da saúde mental, os líderes desempenham um papel insubstituível. Eles são os primeiros a dar o exemplo, a mostrar que o bem-estar dos profissionais é uma prioridade e a criar um espaço seguro para que todos possam expressar suas preocupações e buscar apoio. Portanto, o treinamento adequado desses líderes é fundamental para garantir que eles estejam equipados para lidar com questões de saúde mental, para compreenderem as nuances do comportamento humano e para serem os defensores do equilíbrio entre trabalho e vida pessoal dentro de suas equipes.

Com o crescente reconhecimento da importância da saúde mental no ambiente de trabalho, é gratificante observar que várias empresas no Brasil têm se destacado ao priorizar o bem-estar de seus profissionais. Estas empresas reconhecem que a saúde mental de um trabalhador não só afeta o indivíduo, como todo o ecossistema organizacional em que ele está inserido.

Empresas como a Google e a Johnson & Johnson no Brasil têm reconhecido a relevância do tema e implementado programas específicos para treinar seus líderes. Investigando alguns relatórios corporativos, encontramos relatos como o da Business Insider (2019), em que relata que a Google, por exemplo, oferece aos seus profissionais acesso a programas de bem-estar e apoio psicológico, promovendo uma cultura organizacional que prioriza o bem-estar mental. Por sua vez, o Relatório Anual da Johnson & Johnson (2020) apresenta programas de conscientização e treinamento para líderes, visando criar um ambiente de trabalho mais empático e apoiadores.

Outra empresa brasileira que está investindo no treinamento de líderes é a Ambev. Em seu programa "Líderes que Cuidam", a empresa capacita seus líderes para terem uma gestão mais humanizada, entendendo a importância de cuidar da saúde mental da equipe, bem como da própria saúde mental.

E não para por aí! A Votorantim Cimentos também desenvolveu um programa especial chamado "Líderes do Futuro", que, entre outras competências, capacita seus líderes na promoção da saúde mental.

Todas essas iniciativas são provas de que a formação dos líderes em saúde mental não é apenas um plus, mas um investimento necessário que traz retornos significativos para as empresas.

É natural que surja a questão: como podemos aplicar esses conceitos no dia a dia profissional? Ao nos aprofundarmos no assunto, percebemos que muitos programas de formação são estruturados de modo a capacitar os líderes e gestores a reconhecer com precisão os sinais indicativos de problemas de saúde mental em seus colaboradores. Isso pode se manifestar de diversas formas, incluindo sinais de estresse crônico, sintomas visíveis de ansiedade, alterações notáveis no comportamento habitual de um indivíduo ou uma diminuição inesperada na produtividade. Entretanto, além de simplesmente identificar esses sinais, é crucial que os líderes também sejam treinados para abordar essas questões de maneira sensível e eficaz. A arte de ouvir ativamente e a capacidade de demonstrar genuína empatia são habilidades fundamentais nesse processo. Quando bem desenvolvidas, elas podem facilitar uma comunicação aberta de forma que esses líderes possam derivar a profissionais especializados para acolher seja qual for a demanda.

Além disso, vale destacar as pesquisas realizadas pelo Instituto Feliciência, que introduziu o conceito do *"Safer Leader"* (Líder mais seguro, em tradução livre). O Instituto enfatiza que os líderes precisam ser capacitados para criar um ambiente seguro psicologicamente. Eles apontam que líderes que expressam empatia, incentivam o diálogo aberto e implementam estratégias de redução do estresse contribuem para a melhoria do bem-estar dos profissionais e, consequentemente, para a produtividade da empresa.

Não há dúvidas de que os líderes, sendo os pilares de uma organização, têm uma influência direta sobre o clima organizacional, e o seu preparo se torna determinante para a criação de uma cultura de acolhimento e suporte à saúde mental. Quando capacitados adequadamente, eles são capazes de identificar sinais de alerta, gerir situações delicadas, encaminhar profissionais para ajuda especializada e criar estratégias que reduzam os estressores no ambiente de trabalho.

O retorno desse investimento é notável. Profissionais que se sentem acolhidos, compreendidos e apoiados tendem a ser mais comprometidos, engajados e produtivos. Isso não apenas reduz as taxas de absenteísmo e rotatividade, mas também eleva a qualidade do trabalho e fortalece a relação entre equipe e gestão. Em consequência, a empresa como um todo se beneficia ao tornar-se mais eficiente, competitiva e resiliente, enquanto o ambiente de trabalho se consolida como um espaço de crescimento pessoal e profissional, de bem-estar e cooperação mútua.

Suporte a Serviços de Saúde Mental

Outro pilar fundamental para a sustentabilidade e progresso das organizações contemporâneas é o investimento e suporte aos serviços de saúde mental. Este compromisso se manifesta de diversas maneiras, desde a implementação de programas de assistência e apoio psicológico aos colaboradores, até a oferta de benefícios que visam especificamente o bem-estar mental dos envolvidos.

Vamos mergulhar em um estudo bastante interessante conduzido pela *World Health Organization* (2023), que explorou os impactos dos serviços de saúde mental no ambiente de trabalho. O estudo lançou luz sobre questões pertinentes, demonstrando a importância de as organizações darem suporte à saúde mental de seus profissionais.

Os pesquisadores começaram com uma hipótese bastante lógica: se os profissionais se sentem apoiados em suas questões de saúde mental, eles provavelmente terão um desempenho melhor no trabalho e se sentirão mais satisfeitos com a sua carreira. A pesquisa foi construída para testar essa hipótese, e os resultados foram muito claros. O estudo envolveu uma grande amostra de organizações de diferentes tamanhos e setores, proporcionando uma visão ampla e abrangente sobre o assunto. Os pesquisadores coletaram dados sobre os serviços de saúde mental oferecidos pelas organizações, como programas de assistência aos colaboradores e benefícios específicos para a saúde mental.

Os dados coletados incluíam o número de licenças médicas relacionadas ao estresse entre os profissionais e o nível de satisfação no trabalho desses profissionais. Esses dois aspectos são de grande importância, pois indicam o bem-estar dos profissionais e o ambiente de trabalho. Os resultados do estudo foram bastante reveladores. Eles confirmaram a hipótese inicial dos pesquisadores, mostrando que as organizações que oferecem acesso a serviços de saúde mental experimentam menos licenças médicas relacionadas ao estresse e maior satisfação no trabalho entre os profissionais. Ou seja, quando os profissionais sentem que a organização se preocupa com a sua saúde mental e oferece suporte nessa área, eles tendem a se sentir mais satisfeitos no trabalho e são menos propensos a tirar licenças médicas relacionadas ao estresse. Isso indica que o apoio à saúde mental não apenas beneficia os profissionais, mas também a organização como um todo.

Prover aos empregados ferramentas para lidar com o estresse cotidiano e superar obstáculos inerentes que impactam a saúde mental requer investimento financeiro, de tempo e esforço. No entanto, as informações disponíveis salientam que o custo resultante da negligência com a saúde mental dos colaboradores pode ser significativamente mais alto do que os investimentos necessários em serviços de saúde mental no ambiente de trabalho – um valor infelizmente visto por algumas empresas como um gasto desnecessário. É crucial enfatizar que a promoção da saúde mental dos funcionários é não apenas essencial para o bem-estar individual de cada membro da equipe, mas também uma condição *sine qua non* para o sucesso da organização como um todo. Em síntese, um ambiente laboral saudável define-se pela valorização e tutela da saúde mental de sua equipe integral, assegurando, dessa maneira, sua sustentabilidade e reputação elogiável. A atenção meticulosa ao bem-estar psicológico dos colaboradores é uma premissa incontornável para empresas que aspiram competitividade e êxito na contemporaneidade.

Agora, que tal explorarmos juntos exemplos notáveis de empresas brasileiras que vêm se destacando significativamente nessa área?

A empresa de tecnologia TOTVS instituiu o programa "Viva Bem", que oferece atendimento psicológico *online*, orientação nutricional e atividades físicas. A ideia é abordar a saúde de forma integrada, incluindo a saúde mental.

A XP Inc., famosa no mercado financeiro, criou o programa "XP Health", que inclui assistência psicológica e psiquiátrica entre seus benefícios. Isso significa que os colaboradores têm acesso a profissionais de saúde mental sempre que precisarem.

Estes exemplos nos mostram que o cuidado com a saúde mental no ambiente de trabalho está se tornando cada vez mais uma prioridade para as empresas. E isso é ótimo, não é mesmo? Afinal, além de criar ambientes de trabalho mais saudáveis e felizes, estas iniciativas contribuem para aumentar a produtividade e reduzir o presenteísmo e absenteísmo.

E qual seria o ponto alto destas ações? Os benefícios em questão não são exclusivos para os colaboradores. As organizações, ao cultivarem um ambiente de trabalho positivo e receptivo, também colhem vantagens significativas. Esse clima favorece não somente o engajamento de profissionais valiosos, mas também exerce um magnetismo atrativo sobre novos profissionais em potencial, que se sentem motivados a integrar a equipe.

Dessa forma, prover apoio aos serviços voltados à saúde mental no âmbito laboral transcende a mera aplicação de boas práticas. Representa uma tática administrativa astuta, geradora de vantagens concretas tanto para as instituições quanto para os trabalhadores que as compõem. Importa frisar: um espaço de trabalho verdadeiramente saudável é aquele que não apenas valoriza, mas zela diligentemente pelo bem-estar psíquico de seus colaboradores, refletindo positivamente, por extensão, na qualidade de vida de suas respectivas famílias.

Fomentar o Equilíbrio entre Trabalho e Vida Pessoal

Um estudo recente destacou que profissionais que equilibram eficazmente a vida pessoal e profissional são mais produtivos, uma característica que é cada vez mais valorizada pelas empresas. O conceito de "profissional de alta performance" mudou significativamente. Anteriormente, essa definição estava associada a indivíduos "workaholics" que dedicavam sua vida inteiramente ao trabalho, negligenciando outros aspectos da vida. Hoje, um profissional de alta performance é visto como alguém que consegue manter um equilíbrio saudável entre o trabalho e a vida pessoal, incluindo o envolvimento com a família, a prática de esportes e a participação em atividades recreativas e sociais.

O estudo, conduzido em 2022 pela Deel, uma empresa que administra folhas de pagamento para grandes corporações tecnológicas, revelou que o trabalho remoto teve um impacto positivo significativo na qualidade de vida e produtividade dos trabalhadores. Dos 700 profissionais entrevistados, 76% afirmaram ter encontrado um equilíbrio entre sua vida profissional e pessoal, enquanto 51% observaram um aumento na produtividade desde que começaram a trabalhar remotamente.

O mercado atual tem valorizado profissionais cuja produtividade não é medida apenas pelo número de horas trabalhadas, mas pelo impacto e qualidade de seu trabalho. Na contratação de novos talentos, tem se observado uma preferência por indivíduos que investem não apenas em suas carreiras, mas também em sua saúde física e mental, família e vida social. Esses profissionais de alta performance, que mantêm um equilíbrio saudável entre a vida profissional e pessoal, não apenas são mais eficientes, mas também tendem a ter carreiras mais bem-sucedidas e duradouras.

Para esses profissionais, o sucesso não é definido unicamente por posições e salários, mas por um conjunto mais complexo de recompensas e objetivos de vida, que incluem mas não se limitam à carreira. Essa nova definição de sucesso e produtividade reflete uma mudança significativa na percepção do que constitui um trabalhador eficaz e bem-sucedido no ambiente de trabalho contemporâneo.

No entanto, já em 2016 encontramos empresas brasileiras que estavam trilhando esse caminho de promover o equilíbrio vida pessoal *versus* vida profissional com sucesso.

A Kraft no Brasil implementou medidas como horário flexível, permitindo que funcionários do administrativo trabalhem em horários diversos para conciliar com suas necessidades pessoais. A empresa também introduziu a "Sexta Flex" no verão e planeja expandir essa política durante todo o ano.

Com uma política global de trabalho remoto, a HP oferece flexibilidade há mais de 15 anos para seus 8.400 funcionários brasileiros. Cerca de 40% trabalham remotamente e 2% exclusivamente em casa, com critérios estabelecidos para elegibilidade. Essa abordagem visa aumentar a produtividade, reduzindo o tempo de deslocamento dos colaboradores.

O Google oferece horário flexível para profissionais no Brasil, em um ambiente que privilegia liberdade e responsabilidade. A empresa encoraja os colaboradores a gerirem suas próprias carreiras, atuando com foco nas metas em vez de processos rígidos.

Adotando uma abordagem flexível em 2009, a P&G oferece diversas opções de horários e políticas de trabalho remoto para auxiliar na conciliação entre vida pessoal e profissional. A empresa também oferece benefícios especiais para mães, incluindo licenças de maternidade estendidas e opções de trabalho em meio período.

Já a Bristol-Myers Squibb, com "Short Fridays" e "Summer Fridays", oferece expedientes reduzidos às sextas-feiras, requerendo compensação de horas durante a semana. Além disso, um programa piloto de trabalho remoto está sendo desenvolvido para permitir que os funcionários trabalhem de casa uma vez por semana.

A Multiplus adotou um programa de horário flexível desde 2011, permitindo que seus profissionais escolham seus horários de trabalho conforme sua produtividade e necessidades pessoais. Uma opção adicional permite que os colaboradores comecem mais cedo às sextas-feiras para aproveitar o final de semana.

A Serasa Experian permite que seus funcionários no Brasil escolham seus horários de entrada e saída, dentro dos limites estabelecidos, desde 2010. O objetivo é reduzir o estresse e aumentar a felicidade e produtividade.

A Vagas Tecnologia adota uma gestão colaborativa e participativa desde 1999, com horário flexível para seus colaboradores. A empresa promove uma cultura horizontal, sem hierarquia, confiando no comprometimento dos colaboradores para cumprirem suas oito horas de trabalho diárias da maneira que preferirem.

Cada uma dessas empresas reconheceu a importância de promover um ambiente de trabalho flexível e de apoio, visando não só o bem-estar dos profissionais, mas também o aumento da produtividade e engajamento. As políticas adotadas variam, mas todas elas compartilham o objetivo comum de criar um equilíbrio saudável entre a vida profissional e pessoal de seus colaboradores.

Concluindo, o equilíbrio entre trabalho e vida pessoal é uma questão central da saúde mental. Ao incentivar esta harmonia, as empresas não só aprimoram o bem-estar de seus colaboradores, mas também contribuem para um ambiente de trabalho mais saudável e produtivo. As empresas brasileiras que destacamos são exemplos positivos dessa jornada em busca de equilíbrio. Espera-se que sirvam de inspiração para que mais organizações embarquem nessa jornada.

Referências

ALMEIDA, F. R.; COSTA, B. L. A importância dos programas de saúde mental nas empresas brasileiras. Revista de Gestão e Organização, v. 7, n. 3, p. 243-257, 2019.

BRF. Cuide-se Bem: Saúde Mental no Trabalho. Disponível em: https://brf-global.com. Acesso em: 09 jul. 2023.

Business Insider. Como a Google cuida da saúde mental de seus funcionários. 2019.

GOOGLE. (2023). Search Inside Yourself. Recuperado de: https://siyli.org/.

HENDERSON, C.; EVANS-LACKO, S.; THORNICROFT, G. (2013). Mental illness stigma, help-seeking, and public health programs. American journal of public health, 103(5), 777-780.

https://blog.flashapp.com.br/ambev-danone-cortex-novahaus-acoes-saude-mental

https://exame.com/negocios/8-empresas-que-buscam-dar-qualidade-de-vida-aos-funcionarios/

LIMA, D. Fala, Luiza: a iniciativa do Magazine Luiza para promover a saúde mental. Revista Exame, São Paulo, 2023.

MAGAZINE LUIZA. Jeito Luiza de Liderar: Treinamento em saúde mental. Disponível em: <https://magazine-luiza.com.br/jeito-luiza-de-liderar>. Acesso em: 10 jul. 2023.

MCEWEN, B. S. *et al.* The Impact of Leader Mental Health Training on Workplace Health Outcomes. Journal of Occupational Health Psychology, v. 28, n. 2, p. 123-136, 2023.

https://www.momentive.ai/en/blog/deel-momentive--remote-work/

OLIVEIRA, A. B.; SANTOS, M. P. Cultura organizacional e bem-estar: o case Natura. Revista Brasileira de Estudos Organizacionais, v. 6, n. 1, p. 66-81, 2020.

PARK, Y.; FRITZ, C.; JEX, S. M. Relationships between work-home segmentation and psychological detachment from work: The role of communication technology use at home. 2011 Journal of Occupational Health Psychology, 16(4), 457–467. https://doi.org/10.1037/a0023594

Relatório Anual da Johnson & Johnson. Fomentando a saúde mental no ambiente de trabalho. 2020

Relatório Tendências de Gestão de Pessoas GPTW. 2023.

VAN HEES, G. M. Supporting employees with common mental health problems at work: A realist approach. Studio. 2023.

VOTORANTIM CIMENTOS. Líderes do Futuro: Programa de treinamento em saúde mental. Disponível em: <https://votorantimcimentos.com.br/lideres-do-futuro>. Acesso em: 10 jul. 2023.

WHO, C. *et al.* Mental Health Services in the Workplace and Its Effects on Employee Satisfaction: A Systematic Review. Journal of Occupational Health Psychology, 2023.